地銀波乱

日本経済新聞社 編

日経プレミアシリーズ

はじめに　「限界地銀」が火薬庫に

スルガ銀行の預金流出が止まらない、資金繰り破綻するかもしれない——。

2018年秋、取材班は大型の地銀破綻に身構えた。

この年、地方銀行の「優等生」とされてきたスルガ銀行の不正融資問題が表面化した。投資用のアパートやマンションを取得したい会社員らへの融資をテコに、高収益を誇ってきた。ところが、肝心の融資の審査資料が改ざんされ、本来は貸すべきではない人たちに億円単位の融資を繰り返していた。苛烈なノルマで社員を追い込んで、あぜんとするようなパワハラが横行していた実態も第三者委員会の調査で浮き彫りになった。

優等生と評された銀行は砂上の楼閣で、不正融資によって経営の屋台骨が大きく揺らいだ。金融庁や日銀によって破綻は回避されたが、スルガ銀行はいまも再建の途上にある。

「スルガ銀行だけなのか」。スルガ銀行の暴走は日本の地域金融の構造的な問題を象徴しているのではないかと考えて取材を進めた。

人口減少と高齢化で地域の経済基盤が衰弱し、有力な成長企業は少ない。価格が安定している首都圏などの不動産を担保にすれば、手っ取り早く融資を増やせる。多くの地銀はスルガ銀行が得意とする投資用不動産市場に進出し、激しい融資競争を繰り広げた。日銀がマイナス金利政策を始めた２０１６年から18年ごろまでに目立った現象だ。

スルガ銀行は１９９８年に代表者を指す「頭取」という呼称を「社長」に変更した。個人金融に特化する戦略を掲げ、銀行の「上から目線」風の呼称をやめて、一般のサービス業と同じように顧客に接する狙いを込めていた。スルガ銀行は自行のことを「自社」、行員を「社員」と呼んでいる。そんなスルガ銀行が暴走し、他の地銀も多かれ少なかれ不動産融資に踊った。「日本版サブプライム問題」のような事態に発展しかねない実態を本書で取りあげた。

２０１８年はバブル経済崩壊を経て日本の不良債権問題がピークを迎えていた１９９８年から数えて20年という節目の年だった。さらに金融システムの番人たる金融庁の前身（金融監督庁）の発足から20年でもあった。

旧大蔵省から金融検査監督・企画部門を分離してできた金融庁の20年はバブル経済崩壊後

の不良債権問題との闘いの歴史だった。1990年代後半には潤沢な公的資金を使い、大手銀行に厳しく不良債権の処理を迫った。金融だけでなく、ノンバンク・不動産・建設・流通に代表される「ゾンビ企業」の再生も推進した。

大和銀行とあさひ銀行を母体とするりそなグループを実質国有化した2003年を底に日本の金融システムは回復していった。2008年9月に米大手証券、リーマン・ブラザーズが破綻した後の世界金融危機でも、日本の大手銀行は欧米勢に比べて健全性を保つことができた。

一方、金融庁は地銀をはじめとする地域金融機関に「アメ」ばかりを与えた。大手銀行のように厳しい経営改革を迫れば、地域経済で貸し渋りや貸しはがしが広がりかねない。こんな世の中の風潮もあって「大手銀行に厳しく、地銀には甘く」という二重基準（ダブルスタンダード）の金融行政を続けた。金融庁長官経験者の1人は2018年に「地域金融行政は不作為の連続だった」と振り返った。いまの地銀問題は金融行政による不作為のツケともいえる。

金融庁は地域金融の健全化という問題にどう対処していくのか。「経営責任で考えろというだけでなく、当事者意識を持って考えていく」。2018年7月に就任した遠藤俊英長官はこう明言し、警戒モードを強めている。人口減で縮む国内市場にひしめき合う地銀。経営が厳しく、このままでは持続できない「限界地銀」の再建・再編を金融庁が主導していくと金融庁トップが宣言したに等しい。金融庁の大きな方針転換についても本書で詳述している。

例えば、限界地銀の1つ、福島銀行。2018年5月、前期決算で最終赤字に陥った責任を取って退任する森川英治社長の後継に、福島県首位のライバル、東邦銀行出身の加藤容啓氏(とうほう証券社長)を招く異例の人事を発表した。「森川社長からの個人的な要請に対して重い決断をしたものであり、2人の固い意志を尊重し、敬意を表したい」。人事の発表当時、東邦銀行の北村清士頭取は「個人的な要請」を強調するコメントをあえて発表している。

この衝撃的なトップ人事を舞台裏で差配したのが金融庁だったことはあきらかだ。東邦銀行が福島銀行を買収する布石ではないか——。銀行関係者は買収の噂を否定してみせるが、金融庁が陰に陽に半ば強制的に福島銀行を引き取るよう東邦銀行に働きかけていることは容易に想像される。他の銀行もこの人事は人ごとではない。「うちも島根銀行に人を送り出すよう金融庁に迫られるのか」。福島銀行が異例の人事を発表した時、山陰合同銀行の取締役会である役員がつぶやいた。同じような例がこれからどんどん出てくるだろう。

地銀を中心とした地域の金融システムに波乱の予兆が漂い始めている。2019年は水面下に隠れていた問題が表に出てくる可能性も高い。地域金融の現場で何が起きているのか、これから何が起きるのかを描いていく。

本書は日本経済新聞や日経電子版に掲載した「地銀異変」「地銀波乱」シリーズの記事をベースに紙面で紹介しきれなかったエピソードを盛り込んで、大幅に加筆・修正した。登場した人物の肩書きなどは取材時のままとした。

2019年4月

日本経済新聞社

目次

第2章 「優等生」スルガ銀行の背信――61

第3章 暴走するアパートローン――91

第4章 モラトリアム法の負の遺産――111

第5章 抱えた「不良債券」爆弾 ―― 141

第6章 人材枯渇の危機——167

第7章 活路は草の根金融に——191

第1章

迫り来る「地銀廃業」時代

1　豹変した遠藤長官

「『経営統合』というしかないか……」。中央銀行総裁・銀行監督当局長官グループ（GHOS）で訪れていたスイス・バーゼルからの帰途、金融庁の遠藤俊英長官は機中で何度も文章を推敲していた。帰国日の2019年1月16日午前、全国地方銀行協会で開かれる頭取との意見交換会での発言を練っていた。

事務方がいつものように発言案を作ってくれた。しかし、どうもしっくり来ない。遠藤氏はどちらかといえば、形式主義に陥りがちな経営統合に批判的だ。事務方もそれをよく知っていて、経営統合に触れたくだりはなかった。

一度は事務方の案を見て「OK」を出したものの、もやもやしていた。

「放っておいたら何もしない。大胆な経営改革のきっかけになるなら再編するよう背中を押すしかないか」

全国64の地方銀行が加盟する全国地方銀行協会、全国40の第二地方銀行で構成する第二地方銀行協会は毎月1回、金融庁幹部と意見交換会を開いている。

年明け最初の意見交換会では普段は出席しない金融庁長官が所信を表明するのが恒例だ。金融庁長官にとっては頭取に直接訴えかける貴重な場でもあった。

空港に到着し、東京・千代田区の会場に向かう車中、発言内容を修正するよう事務方に電話した。遠藤氏の所信表明は次の内容だった。

「持続可能なビジネスモデルは皆さんが決める領域で、当局が具体的にこうしろ、ああしろと指導する話ではない」

当局がとやかく言う筋合いではないというのが遠藤氏の基本的な立場。地銀改革はあくまで金融庁が第三者の立場で改革の旗を振ってきた。

「しかしながら」と遠藤氏は続ける。

「この5年間を振り返ってみると、皆さんの決断と実行のスピード感は全くもって十分でないと言わざるを得ない」

遠藤俊英金融庁長官

貸出金の金利と金融商品の販売手数料でみた本業の損益は106行の過半数が赤字。52行は連続した赤字で、23行にいたっては5期以上も赤字が続いている。

スルガ銀行といった局所的な問題は起きているが、地域金融システムは全体として動揺していない。だが、遠藤氏は「具体的な改善策を描けていないところが多い」と手厳しかった。

遠藤氏が事務方の発言案に修正を加えたのは「経営トップのリーダーシップと責任」に関するくだりだった。

頭取が決断し、実現に向け施策を実行しなければ、改革は望めない。しかし、「何を決断するのか」という想像力が不足していると遠藤氏には映っていた。

遠藤氏は自らその選択肢を示すことにした。

意見交換会での発言は議事録に起こし、文章で地銀幹部らに回覧される。そこも意識して語った。

「単独で経営を続けるにせよ、業務提携で金融サービスの幅を拡大させるにせよ、経営統合の形で抜本的に組織・体制の再構築を行い健全性と金融仲介のレベルを上げていこうとするにせよ、抜本的な経営改革は自らの任期中に決断し、実現するとの強い認識を年初に持っていただきたい」と語った。「経営統合の形で……」の部分は遠藤氏が加えた。

3つの選択肢を吟味し、早急に結論を出せというメッセージを込めた。遠藤氏が公の場で「経営統合」に言及したのは初めてだった。

1990年代後半の金融危機、2000年代前半の不良債権処理、2000年代後半のリーマン・ショック。金融庁は一貫して、地銀には大手銀行のような厳しい対応を迫らなかった。

かつての都市銀行は4グループに集約され、当時の銀行名のまま存在できた銀行はゼロ。一方、地銀は64行体制を維持し、第二地銀も4割程度減っただけ。産業としての新陳代謝が進んでいないのは、保護的な行政の裏返しでもある。

遠藤氏が言及した経営統合は有力地銀による勝ち組連合というより、勝者が敗者を救済し、敗者と敗者が時間稼ぎでも一緒になる窮余の策をイメージしたものだ。

脳裏にあるのは東芝やシャープのように競争に敗れた電機メーカーが衰退する姿であり、

時代に取り残された中小企業が廃業する風景だ。

ゾンビ企業ならぬゾンビ銀行。公的資金を投入したくても理解を得られない時代が訪れる。強いところはより強くなり、弱いところは淘汰される。地銀にも競争原理の波が押し寄せ、市場から退出を迫られる時代の到来だ。

金融庁が本格的な地銀改革を始めたのは2013年秋。「10年後の未来像」を描くよう訴えた。

地銀改革の5年間は「アメ」と「ムチ」の政策のうち、アメに近かった。

「金融検査マニュアル」で義務付けていた検査での資産査定を免除し、不良債権か正常債権か判定する運用を銀行の判断に委ねた。

収益力で模範的な銀行を探すため、独自の指標でランク付けした独自資料を作成した。2013年当時、検査局長だった森信親氏(その後長官)の名前を取って、「森ペーパー」と呼ばれて、話題を集めた。

それから5年あまり。金融庁が期待した「地銀の覚醒」は期待外れに終わった。広がる風景は理想とは逆に、地域金融システムに綻びが見え隠れし始めた現実だ。

２０１９年は水面下に隠れてきた問題が表に出てきて、地域金融に波乱が起きる可能性も高い。

「経営責任で考えろといってきたが、これからは当事者意識で考えていく」

遠藤氏の訴えは迫り来る「地銀廃業時代」に危機感を募らせた金融庁の本音でもある。

2　聖域なき安全網議論

「パッケージで何か出せないか」。金融庁の遠藤俊英長官は２０１９年2月、地銀を所管する監督局銀行第2課にあるミッションを与えた。

パッケージとは遠藤氏が1月に地銀トップの前で語った抜本的な経営改革の選択肢のことだ。

この時に語ったのは、①自主再建②業務提携③経営統合の3つだが、選択肢は本当にこれだけなのかという素朴な問題意識があった。

金融庁はかつて銀行の自主廃業を真剣に研究した。2008年3月末、地域金融機関を対象に予防的に公的資金を資本注入する金融機能強化法の申請期限を延長しなかった時だ。金融機関の安全網は預金保険法だけになった。銀行の破綻の処理か、大手銀行の破綻回避で公的資金を使えるが、機動性に欠けた。

水面下で安全網をめぐる議論が活発になった。

普通銀行に求める最低資本金を20億円から10倍の200億円に増やし、銀行免許を与える対象の内容を再点検する事実上の免許更新制も研究課題に上がった。

地銀の競争を促し、市場から退出すべき銀行をあぶり出そうという機運の現れだったが、半年後の2008年9月、米国でリーマン危機が起きて、議論は立ち消えになった。

それから10年あまり。遠藤長官の指示で再び議論が始まった。

2019年には自己資本比率が最低基準（ほとんどの地銀は4％）を下回らない段階でも経営介入できる「早期警戒制度」を見直す方針だ。

「上場を維持するコストは無視できない。そもそも上場する意味を問いかけてみたらどうか」

「日銀の金融緩和政策で、失われた再編インセンティブを新たに作らないといけないのではないか」

銀行第2課が始めた議論は、銀行の安全網について抜本的な再構築につながる内容だ。聖域はない。

預金保険機構が預金量に応じて預金保険料を銀行から徴収しており、健全な銀行と不健全な銀行の間で料率に差を付けて競争原理を導入する手もある。

銀行法は廃業や株式の上場廃止を当局が命令できる規定はない。持続可能性の低い限界的な地銀に自主廃業を命令するといった劇薬に近い措置をつくるには、「まだ日が高い」というのが遠藤氏の認識。

一方で銀行法26条に基づいて行政処分を出せるし、7条では適格性に欠けた役職員を解任する命令を出すこともできる。

遠藤氏によれば、地銀が自主廃業に追い込まれるような事態に陥る前に、当局として打てる手はすべて打つべきだという。それには銀行法や早期是正措置といったルールに基づく判定だけでは不十分だとみる。

「地銀版コード」。遠藤氏は最近、地銀に向けた新たな行動指針を設けるべきだと考えている。銀行と経営者の行動を規律付けするひな型とも言えるコーポレートガバナンス・コード（企業統治指針）の地銀版をイメージしている。

株式会社は全般にいえることだが、持続可能性を失い、株価の維持や配当で株主に還元できないとなれば、自主経営を放棄するのが筋だ。再編相手も見つからず債務を整理するのが難しければ、借金の棒引きを第三者に頼む私的整理、裁判所に託する法的整理を使う。

再生可能性があれば私的整理や法的整理の中でも民事再生法のような事業継続を前提とした再生スキームに入るが、事業を継続するのが難しいほどの膨大な債務を抱えれば破産に移る。

とりわけ預金を集める銀行は法的整理を申請すると連鎖破綻の恐れが高いのが特徴だ。

1990年代の金融危機、2008年のリーマン危機のように金融システムが機能不全に陥れば、潰れなくていい企業や個人が倒れることも現実に起きる。当局が銀行の法的整理を可能な限り回避しようと動くのは副作用が大きいからだ。

銀行の法的整理は負債（預金）が資産を上回る債務超過に陥った時、債権者間で残余財産を分配する調整がうまくできないため、裁判所に仲裁を託す意味合いがある。

逆にいえば、資産超過であれば、債権者間で残余財産を奪い合うトラブルは起きにくい。法的整理を裁判所に申請しなくても、自主的に廃業すれば、円滑に店じまいが進むことになる。金融庁が安全網の再構築を聖域なく議論している背景には、こんな問題意識もある。

金融庁はようやく地銀の構造問題にメスを入れる覚悟を決めた。

地域の人口減で経済基盤が弱く、近い将来に経営が持続できなくなる限界的な地銀が少なくない。まずは限界地銀の実態を描いていく。

3 「限界地銀」検査の衝撃結果

金融庁が異変を察知したのはいまから1年あまり前のことだった。

2017年12月下旬、金融庁の入る中央合同庁舎7号館の17階にある長官室。森信親長官が一瞬にして険しい表情に変わった。

「いまのままであれば、持続可能性はありません」

2017事務年度（17年7月～18年6月）に、主に経営が厳しい限界的な地銀7行を対象に始めた「持続可能性検査」。筑邦（福岡県）、但馬（兵庫県）、清水（静岡県）、大東（福島県）、長野など7行のビジネスモデルを総点検し、これから10年間にわたって健全性を維持できるのかを確認した。その検査の中間報告は衝撃的な内容だった。

対象のひとつが島根県松江市に本店を置く第二地銀、島根銀行。

金融庁検査班はほぼすべての支店から取引先の上位20社を抜き出し、その持続性を1つひとつ試算した。

廃業の恐れや、現状の格付け（債務者区分）から落ちていく確率をはじき、予想損失額を計算する。徹底した精密検査で厳しい結果が出た。

健全性を示す自己資本比率は足元で地銀に適用される最低基準（4％）の2倍の8％を維持しているのに、試算後は4％を下回っていた。

すでに2017年3月期に本業のもうけ（コア業務純益）は赤字に転落していた。経費がかさんでおり、日銀が2016年2月に始めたマイナス金利政策によって貸出金からの金利収入が劇的に回復する見込みもない。

最終損益が赤字に転落するのも時間の問題だった。

金融庁は自己資本比率が規制水準の4％を下回る地銀に対して早期是正措置を発動できる。業務停止命令を出したうえで経営陣の交代、配当の制限、再編を求めることが可能だ。だが、早期是正措置の対象になるまで待っていては手遅れになりかねない。持続可能性検査はそんな問題意識があった。

事後に振り返れば、検査に入った時点で金融庁は「問題銀行」が見つかるとは思っていなかったフシがある。

島根銀行で出た答えは「いまは健全だが、近い将来は不健全」。いわばイエローカードの状態で、まだ対処可能な段階でもあった。

先送りが許されない異変は別の地銀で起きていた。

福島県の県庁所在地、福島市を主な地盤とする第二地銀の福島銀行。

森川英治社長は2017年8月7日早朝、金融庁の入る中央合同庁舎7号館にいた。2017年4〜6月期に地銀・第二地銀で唯一、最終赤字を計上した。監督局の西田直樹審議官に事情を説明するため、上京していた。

地銀の一般的な問題であれば、主管の銀行2課が応対する。西田氏は特命担当。日本が金融危機に見舞われた1990年代から一貫して地域金融行政に関わってきた西田氏は地銀の経営危機と信用不安をコントロールするプロといえた。

福島銀行も持続可能性検査の対象になった限界地銀7行のうちの1行だ。

島根銀行と置かれた状況が決定的に異なっていたのは、本業赤字どころか最終赤字に転落し、イエローカードからレッドカードに変わろうとしていた。

長引く地元経済の疲弊で福島銀行の経営も倒れかかっていた。

2017年4～9月中間期に含み益のある保有株を売却し、いったん最終黒字に戻したものの、この時点で2018年3月期の通期決算で赤字転落する可能性があった。

自己資本比率は11％近くあるが、赤字が少し続けば、自己資本はあっという間に減る。株の含み益も底を尽きつつあった。

早期警戒制度。金融庁は2002年に作ったものの、ほこりをかぶっていた制度を発動することにした。

早期是正措置は終わった期の決算を事後的に点検し、自己資本比率が4％を割ったことを確認したうえで発動する。過去の検証が前提になる。

一方、早期警戒制度はこれから4％を割る可能性に基づいた未来の予測が前提だ。福島銀行が事実上の公的管理銀行になることを意味した。

4　鳥取と島根にのしかかる不良資産

地元経済界の顔である地銀・第二地銀のトップにも苦手な相手はいる。都道府県知事や市町村長だ。

狭い地域社会で波風を立てない蜜月の関係。地銀と自治体の付き合い方の典型だが、こんな関係も地銀にとって「不良資産」になりつつある。

2019年1月18日、鳥取県南西部、岡山県との県境に広がる山あいの街、日南町。鳥取銀行は同町で唯一の店舗、生山《しょうやま》支店の営業をこの日で終えた。

この支店閉鎖は地域と地銀の関係が大きく変わり始めたことを象徴する。

地元経済界では「鳥取の変」とも呼ばれる事態の発端は2018年8月28日。

鳥取銀行はこの日、日南町に店舗の廃止と通知したが、発表前日の最後通告だった。日南町の増原聡町長は激怒した。

増原氏は町民の生活に打撃を与えかねない店舗の閉鎖を撤回させたかった。だが、前日の説明では時はすでに遅い。

それでも鳥取銀行に抗議するため、8月30日に公金5億6千万円の解約を打ち出した。しかも、町役場職員にも預金の解約を訴えた。

鳥取銀行の平井耕司頭取は9月14日、日南町を訪れ、増原氏に謝罪した。配慮が足りなかったことをわびた。それでも店舗廃止を撤回することはなかった。

日南町の高齢化率（人口に占める65歳以上の比率）は50%を超え、全国有数だ。

鳥取銀行の生山支店が閉鎖された

５０００人足らずの人口だが、面積は大阪市や名古屋市より大きい。東京23区の約半分に相当する約３４１平方キロメートルにもなる。

増原氏はコンパクトビレッジを掲げ、町の中心部に住民や機能を集中させる改造計画の途上にあった。

「全国有数の預金が多い町です。郵便貯金の限度額いっぱいの方も多く、ＪＡさんへの貯金も突出している。町民は共働きや高齢者も多い。にもかかわらず民間では信用金庫はないし、鳥取銀行は逃げました。町の指定金融機関の山陰合同銀行さんだけになる。これから寡占状態になり、ここでは資本主義が成り立たなくなるのです」

こう悲鳴を上げた増原氏は日本経済新聞の取材に応じた翌々日の2018年11月3日、62歳で急逝した。

日南町・故増原聡町長

鳥取の変は地域とともに歩むはずの地銀がもはや広範な店舗網を維持できなくなりつつある現実を示している。

金利が少しでもある経済であれば、地銀は預金を日本国債で運用していれば、一定の利益をほぼ自動的に稼ぐことができた。

預金者へのサービス還元として、不採算の店舗も嫌々ながらも維持できた。

だが、マイナス金利下では市場運用の利益は見込めず、融資も金利収入が減り続ける。厳しい現実を前に、地銀は全国で約1万店という大手銀行の4倍に上るネットワークを維持するのは難しくなってきた。

山陰地方で島根県と鳥取県にまたがるガリバーの山陰合同銀行。その次をうかがうのが鳥取県は鳥取銀行、島根県は島根銀行だ。

新本店ビルが島根銀行の重荷に

鳥取銀行が全国地方銀行協会に加盟する地銀なのに対して、島根銀行は相互銀行を前身とする第二地銀。規模は2倍以上も違うが、地盤に多くの過疎地を抱えるという経営環境は似通っている。

しかし、2018年4～12月期決算をみると業務粗利益（売上高に相当）から経費（主に物件費と人件費）を差し引いた業務純益は鳥取銀行が黒字で、島根銀行は赤字。この差は固定費の重さと密接に絡んでいる。

島根県のJR松江駅前にそびえ立つ真新しいビル。県内で最も高い山陰合同銀行本店ビル（14階建て）に迫る13階建て。総工費60億円をかけて島根銀行が建設した新本店だ。

２０１７年１月に営業を始めた新本店の減価償却が本格的に始まるのは２０２０年３月期決算。建設費を毎年一定額、費用として計上する仕組みだが、その年間費用は７億円とされる。

２０１８年３月期までの10年間の純利益平均は約７億円。いまですら業務純益が赤字にもかかわらず、さらに年間７億円の損失要因が加わる。

「２０１９年度決算、このままなら最終赤字に転落しますよね。どうされるのですか」

金融庁が「２０１９年問題」と呼ぶ島根銀行の構造問題は根深い。２００６年３月期に強制適用された固定資産の減損処理会計を迫られているからだ。

固定資産の減損処理会計とは店舗などを収益性の観点で評価し、価値が下がり回復の見込みがない場合、失った価値を一括して損失計上するルールだ。

通常は営業単位の支店ごとに評価するが、会社全体が慢性的な赤字体質とみなされると、共用施設も減損対象となり得る。

共用施設にはまさに新本店が含まれる。本業赤字を有価証券の売却益などで埋めきれずに最終赤字に陥った場合、その赤字は「一過性だ」と説明できない可能性が高い。

島根銀行の自己資本比率は8％と規制水準の2倍。だが、規模が小さいこともあり、積んでいる自己資本は160億円にすぎない。

未償却の新本店（60億円）を一括で償却すれば、自己資本が大きく目減りするのは避けられない。

限界地銀のひとつである福島銀行。前述したように、金融庁は2018年3月期で最終赤字に転落することを危惧していた。

結果は7期ぶりに約31億円の最終赤字。実態は赤字額が2倍超の80億円程度に膨らむ可能性すらあった。

不良債権処理額が13億円、含み損のある国債など債券の損失が9億円、株の益出しは1億円足らず――。本来はさらに固定資産の減損処理が大きくのしかかってくる予定だったが、計上したのは5億5900万円。貸借対照表に計上する「有形固定資産」の金額は100億円も計上しているのに、抜本的な処理を先送りしたとの見方がある。

かつては預金を集め、国債で運用すれば一定の利益を手にできた地銀。固定資産の減損処理とは無縁の存在だった。

だが、日銀のマイナス金利政策で収益力のメッキがはがれ、保有する固定資産で利益を生まない構造不況業種に転落した。

多額の損失処理を迫られた1990年代後半の不良債権問題と比べれば、不良資産の規模はまだ大きくない。ただ、店舗網に依存した地銀の経営モデルが限界を迎えていることはあきらかだ。

5　福島銀行は実質公的管理

福島銀行は2018年5月11日、最終赤字の責任を取って退任する森川英治社長の後継に、ライバルの東邦銀行の出身の加藤容啓氏（とうほう証券社長）を招く異例の人事を発表

福島銀行の加藤容啓社長は東邦銀行出身

した。

「森川社長からの個人的な要請に対して両氏が重い決断をしたものであり、２人の固い意志を尊重し、敬意を表したい」

福島県で首位の東邦銀行が福島銀行を買収する布石と噂された。発表当時、東邦銀行の北村清士頭取は買収に含みがない旨をわざわざコメントした。

地銀業界でこの言葉を額面通りに受け取る人はまずいない。交際でいえば「まずはお友達から」ということか。

すでに実質的に公的管理されている福島銀行。そのトップ人事を舞台裏で差配したのが金融庁だったことはあきらかだ。

どのような対外説明であれば納得して合意できるのか探った。その結果の落としどころが「個人的な要請」であり、銀行間の合意ではないという点での合意だった。

赤字の銀行を引き取るのは勇気がいる。再建の可能性があれば株主にも説明できるが、再建の可能性がなければ株主から損害賠償訴訟を起こされる。恣意的な救済だとみられれば、刑事事件にも発展しかねない。

1990年代の金融危機時、経営不振の大口先に追加融資しただけで訴追された例は枚挙にいとまがない。

福島銀行が異例の人事を発表した時、山陰合同銀行の取締役会は福島銀行の話題で沸いていた。

東邦銀行出身者が福島銀行トップに就いたことは他人事ではない。

「我々も島根銀行に人を送り出すよう金融庁に迫られるのだろうか」。ある役員はこうつぶやいた。

2018年2月ごろ、金融庁は山陰合同銀行に秋波を送っていた。描いていたのは、山陰合同銀行が島根銀行に15％程度を出資し、トップも山陰合同銀行の出身者が就く案だ。「系列案」と呼ばれた。

ある金融庁の幹部が山陰合同銀行首脳に直談判したとの証言もある。

山陰合同銀行は山陰本線をつたって兵庫県への進出を加速させており、兵庫県北部地盤の但馬銀行との経営統合という「アメ」も持ちかけた。

金融庁がアメを持ち出しても、山陰合同銀行が島根銀行に手を差し伸べるハードルは高かった。山陰合同銀行の元頭取でいまも経営に影響力を持つ松江商工会議所の古瀬誠会頭も「ノー」だった。

島根銀行は長年競い合ってきたライバルだったが、リストラが不十分で自主再建に向けた努力が足りないとみていた。山陰合同銀行もマイナス金利のあおりで、体力に余裕がなくなっていた面もある。

もとはといえば、山陰合同銀行は広域再編の先駆けだ。いまから28年前の１９９１年、鳥取県に本店を置き、岡山県、広島県に進出していた第二地銀のふそう銀行を吸収合併し、島根県と鳥取県をまたいで中国地方に地盤を広げた。

金融庁は島根銀行を引き取ってもらう代わりに地盤の拡大を後押しすれば、山陰合同銀行にとっても悪い話ではないだろうとみていた。だが、金融庁の読みは外れた。

東邦銀行、福島銀行、山陰合同銀行、島根銀行はすべて上場企業だ。上場企業が再編するかしないかは、独立性を持った経営陣がそれぞれの意思決定に基づいて判断するものだ。

一方で、銀行は金融庁が免許を与えることで成り立つ業態。金融庁の監督・検査に従う義務があり、経営の健全性を維持するためであれば、金融庁の意向が陰に陽に働く。

金融庁は世論に敏感な官庁といえる。再編をあっせんするのは、地銀がひとたび経営破綻寸前に陥れば監督官庁として不作為の責任を問われかねないからだ。

1990年代には巨額の公的資金を使い、金融危機を封じ込めざるを得なかった。当局がバブル崩壊後の不良債権問題を長く過小評価してきたことが背景にあり、公的資金を使った銀行救済には世論の批判も起きた。金融庁には20年あまり前の金融危機の記憶が生々しく残っている。

公的資金を使わずに再編で弱い地銀を実質的に退出させることができれば、市場原理が働いたともいえる。金融庁が再編に探りを入れるのはその市場調査のようなものでもある。限界地銀をめぐっては、金融庁は相当に神経をとがらせている。

6 公的資金を返せない

政府が地銀を助ける手段はある。幾度の金融危機を経て運用法が確立した公的資金だ。経営破綻した後に損失を穴埋めする事後処理、経営破綻前に資本支援する予防注入の2通りがある。

2005年に預金のカットを意味するペイオフが解禁された後、銀行の破綻時には預金者や株主の負担で損失を事後処理するのが原理原則になった。公的資金で損失を穴埋めするということは、ペイオフ解禁の趣旨に反する。実行する場合、当局は相当な説明責任を負う。金融危機の防止といった大義名分が必要だ。

一方、公的資金の予防注入は金融機関が危機的な状況に陥るのを回避するのに有効な政策手段として使われてきた。１９９０年代の日本の金融危機でも巨額の公的資金が予防的な資本注入に使われてきたし、２００８年のリーマン危機時は米欧の政府が思い切って公的資金を投入して、危機を封じた。

茨城県土浦市に本店を置く筑波銀行。外部のコンサルティング会社が入り、２０１９年の年明けから次の中期経営計画を作成する大詰めを迎えている。

このコンサル会社は純粋な民間企業ではない。金融庁の監督下にある官民ファンド、地域経済活性化支援機構である。

２０１１年3月の東日本大震災で茨城県も被災した。県北部は福島県に隣接し、原発事故の風評被害にもさらされた。

筑波銀行は公的資金を予防注入する金融機能強化法に基づいて３５０億円の資本支援を申請した。

強化法で公的資金を受けると金融機能強化計画の提出が必要だが、金融庁は被災地支援を優先してもらうため、作成を義務付ける数値目標を免除。経営責任を問わない特例も付け

筑波銀行は官民ファンドの支援を受ける

た。返済期限も20年後と大幅に優遇した。

これが倫理の欠如（モラルハザード）を招いた。「いまの状況なら、金融機能強化法に基づいて初めて業務改善命令を出さざるを得ない」。金融庁は筑波銀行にこう警告した。

筑波銀行も当局の別動隊でもある支援機構の助言を受ければ、金融庁と目線を合わせて機能強化計画を作ることができると考えた。「財務の健全性」と「地元貢献」

金融庁は公的資金を受け入れた銀行に2つの条件を両立するよう求める。東北地方のような過疎地で営業する銀行と違い、筑波銀行は本店のある土浦市から車で西に30分も進めば、人口増加地区のつくば市を抱える。

つくばエクスプレスが開業して13年あまり、まだまだ伸びシロもある。にもかかわらず、筑波銀行は2つの条件とも中途半端で、改善が遅れていると金融庁には映った。

問題の1つは財務の健全性。財テクと批判される有価証券運用の失敗だ。

2018年4～12月期決算で保有する有価証券は含み益から含み損に転落。通期では2012年3月期決算以来の含み損となる見通しだ。

米国などの外国債券を3000億円近くまで膨らませていた。これが米金利上昇（価格下落）で裏目に出て、本業のもうけを示すコア業務純益が前年同期比で8割近くも減ってしまった。

当然、公的資金返済の原資となる純利益も8割減。自己資本は2018年9月から目減りし、健全化が足踏みしてしまった。

公的資金を入れた直後に11％あった自己資本比率は8％台に低下し、金融庁は公的資金を回収したくても回収できない状態だ。

もう1つの問題が地元貢献のあり方だ。

筑波銀行が地域貢献していないわけではない。筑波銀行の藤川雅海頭取は「あゆみ」と呼ばれる地元貢献プロジェクトの成果を訴え「公的資金を借りて財務基盤を拡大しなければできなかった」という。

地方自治体との関係も深まり、震災前後で指定金融機関としての取引が３から14に増えた。

この成果をどう評価するか、金融庁内は意見が割れる。

銀行の収益力にどれだけ貢献しているのか、していくのかという目線が足りないという意見がある。

マイナス金利政策で預金が集まりすぎて運用できない「過剰預金」の問題も浮上。地盤を拡大しすぎて預金ばかり集めすぎることにならないか。健全化にブレーキをかける悪循環を生んでいるのではないかという指摘もある。

「銀行名のようにつくば市に集中投資するビジネスモデルへ思い切って転換すれば良いのに、それと逆方向に進んでいる」（金融庁幹部）

「選択と集中」を進めなければ、公的資金の返済原資を蓄えることができないのではないかという危機感がある。

地銀の看板にこだわりすぎれば、必要以上にコストやリスクを負担しすぎる呪縛にかかってしまう。持続可能な事業モデルに転換するという問題意識を共有できなければ、行政処分を打つしかなくなる。

金融庁は地銀に問題が起きそうなら、遠慮なく経営に口を出す姿勢に転換した。一歩間違えれば裁量的な経営介入とも批判されかねないが、それでも金融庁が切り込むのは公的資金を返せない地銀の姿が大きい。

旧日本長期信用銀行、旧日本債券信用銀行を国有化した1998年を経て、1999年3月に32行に公的資金を資本注入した金融機能早期健全化法。長銀を引き継いだ新生銀行を除いてすべて元本を上回る額で公的資金を回収した。

一方、金融機能強化法に基づき公的資金を注入した地銀は16行。そのうち完済したのは3行だけだ。

強化法で公的資金を受けた仙台銀行は公的資金を除いた実質的な自己資本比率が3・3%と最低基準（4%）を割る。この基準で8%を超えるのは群馬県の東和銀行と秋田県の北都銀行だけ。筑波銀行も実質自己資本比率になると5・9%まで落ちる。

公的資金を予防注入した銀行の業績が回復すれば株価は上昇する。公的資金で引き受けた優先株の時価も上がり、政府は利益を手にできる。

公的資金を返せないまま政府が実質的な大株主という状態が続けば、銀行の箸の上げ下ろしまで行政指導を始める副作用も起きる。

金融庁が２００５年に発表した「公的資金の処分の考え方」。この肝《きも》は「納税者の利益」という考え方を明記した点にある。

利益を生むという原則がある以上、金融庁は含み損の状態では公的資金を回収できない。

金融庁が口を出すだけでなく、実力行使するようになったのは、放っておけばいつまでも公的資金を回収できないし、その時に次の金融危機が起きたら、再び国民から批判を受けるのではないか、と焦り始めたからだ。

金融庁ＯＢは「次の金融危機で失敗したら、金融庁は日銀の子会社か日銀に吸収合併される運命だ」と解説した。

金融庁もまた背水の陣に追い込まれつつある。

7　再編なくして存続なし

２０１９年3月27日、長崎県から上場企業が消えた。県内に本社を置く唯一の上場企業だった十八銀行がふくおかフィナンシャルグループ（ＦＦＧ）と経営統合し、ＦＦＧの完全子会社となり、上場を廃止した。

以前は地元から「なぜ福岡の軍門に下るのか」と批判されてきた。長崎で事業を営んで、地元の十八銀行に貯めたお金が福岡県のＦＦＧに移ることへの嫌悪感もわき起こった。

それでも十八銀行は経営統合へと突き進んだ。統合交渉の途中、公正取引委員会がストップをかけてもあきらめなかった。

上場企業というプライドを捨ててまで経営統合せざるを得なかった姿は、名門と称された地銀が構造不況業種に落ちぶれたことをはっきりと浮かび上がらせたという意味で、歴史の転換点を映す再編劇となった。

記者会見するふくおかフィナンシャルグループの柴戸社長（中）と十八銀行の森頭取（右）。奥は親和銀行の吉沢頭取（2016年2月26日、福岡市中央区）

２０１６年2月26日に開かれた経営統合のお披露目記者会見。十八銀行の森拓二郎頭取はカメラのフラッシュを浴びていた。

「九州および長崎経済の活性化に貢献するためには、両社が一緒になって取り組むことがベストだという認識が共有できた」「無駄な競争をやめて地域に貢献したい」

地元の長崎で育った森氏は「長崎」という言葉を繰り返しつつ、厳しい表情を浮かべた。隣に座っていたのがかつてのライバルＦＦＧであったことと無縁ではない。

統合の源流は12年近く前の２００７年10月にある。ＦＦＧが十八銀行の県内のライバル、親和銀行を完全子会社にした時だ。

十八銀行が県南部、長崎市を中心に根を張り、親和銀行は県北部佐世保市が中心だった。双方は長らく県内を分け合い、「国境線」を引いていた。

一線を越えたのはFFGの傘下に入った後の親和銀行だった。低利で融資を肩代わりする攻勢をかけ、熾烈な南進作戦を仕掛けた。

親和銀行は不良債権を抱え、瀕死の状態にあった。本店1階の受付横には「親和」の揮毫《きごう》。旧帝国海軍大臣や首相を務めた米内光政が佐世保鎮守府の司令長官時代に残したものだ。ひとたび応接室に入るとテープでつぎはぎされたソファ。「どちらかが潰れるまで攻め続ける」。親和銀行は攻めるしかなかった。防戦に回った十八銀行のシェアはじりじり切り崩されていく。

「うちは47ある都道府県のうち、18番目に選ばれた銀行だ」

こんな誇りが根づいた社風のもとで育てられた行員は優等生が多い。県最大の繁華街・思案橋で、社章をつけて歩けるのは「県庁職員と十八銀の行員だけ」といわれた。自らの歴史に誇りを持ち、地元での存在感も大きい。だが、攻めには弱かった。

統合すると、長崎資本の地銀がなくなる

十八銀行も親和銀行も県内の融資シェアはともに３割強。県内に２つの地銀が併存する都道府県は青森や鳥取など例はあるが、長崎には固有の事情があった。

金利の引き下げ競争を続ければ体力はむしばまれる。店舗や人を減らし、固定費を削減するしかなくなる。

だが、長崎は全国一、離島が多い県。支店を減らしたくても撤退時に起こる地元との摩擦が大きすぎた。十八銀行は単独でのリストラに限界を感じていた。

ＦＦＧは大手銀行を含めた競争の激しい福岡県を地盤にしていたため、危機感は強かった。

ＦＦＧの柴戸隆成社長はいまでも２００１年当時の出来事を鮮明に覚えている。後に頭取、会長と上り詰める谷正明副頭取の執務室につながる廊下で、震える手を止めようと必死だった。

総合企画部ALM室長だった柴戸氏がまとめた決算短信に記された貸倒引当金の額は1752億円。小さな地銀であれば経営が一気に傾くような金額だ。

「本当にやりますか」と尋ねる柴戸氏に、谷氏は「中途半端なことはやめよう」と返した。2001年3月期、福岡銀行の最終損益は768億円の赤字に沈んだ。創業以来、2度目の赤字だった。

「そんな過激な引き当て基準を適用したら、大半の地銀がつぶれてしまう」

福岡銀行の決算に対しては金融庁の反発も大きかった。当時は小泉政権の発足直後。竹中平蔵金融担当相のもとで抜本的な不良債権処理に乗り出す1年以上も前で、金融危機を完全に封じ込めてはいなかった。

勝負は吉と出た。巨額引き当ての効果は大きく、後に親和銀行を買収する原動力となった。その時に培った不良債権処理のノウハウを長崎県に注ぎ込むことができた。

「2001年3月期決算があったからいまの福岡銀行がある」。当時を知る関係者は皆、こう口をそろえる。

「親和銀行の収益力を回復するために、十八銀行と経営統合できないか」

ＦＦＧは親和銀行を買収した２００７年、すでに十八銀行との統合構想を温めていた。霞が関の金融庁の一室で、ＦＦＧの吉戒孝常務は銀行２課長の西田直樹氏に相談を持ちかけていた。

破綻寸前の親和銀行や熊本ファミリー銀行（現熊本銀行）の再生で最前線に立った吉戒氏にとって、西田氏は不良債権処理という共通の敵に対峙する戦友とも呼べる存在。だが、この時、西田氏は首を縦に振ることはなかった。

その理由は「シェアが高すぎるから」。地域の独占を懸念し、公正取引委員会が待ったをかけるのは必至だった。

金融庁は過疎地で再編機会に恵まれない地銀の救済方法を長く研究してきたが、どうしても越えられない壁が独占禁止法だった。

それから10年。吉戒氏は統合担当の特命を帯びた副社長に昇格。西田氏も地域金融を担当する審議官になっていた。日銀が2016年1月にマイナス金利政策を発表する直前。異次元緩和で収益環境の悪化を予測していたFFGが再び、金融庁に話を持ちかける。

「地銀を取り巻く環境は大きく変わっている。いまなら独占の壁を突破できるかもしれない」。地銀改革にひた走る金融庁の思惑とも重なり、環境づくりに動き出す。

「地元の福岡に日本一の地銀が誕生する」。FFGと十八銀が統合を発表した2016年2月、福岡県選出の金融担当相、麻生太郎氏は周囲にこう漏らした。

麻生氏の一言で金融庁にとって絶対負けられない戦いとなる。

「公取をねじ伏せろ」。金融庁の森信親長官は号令を下した。だが、公取委は厳しかった。

「話になりませんね。きょうのところはお帰りください」。霞が関の公正取引委員会。交渉に臨んだ銀行を前に、公取委幹部は語気を強めた。地銀の経営統合で独占禁止法が認めていたのは3つの類型。その中で最もハードルの高い類型を持ち込んできたからだ。

①都市圏型

東京や大阪、愛知、福岡といった大都市圏での経営統合はこのカテゴリーに属している。地銀のみならず、メガバンクや信金・信組など多種多様な金融機関が集まっているため、１行あたりのシェアはおのずと小さくなる。それぞれの銀行の営業圏も十分に広い。通常、公取委の企業結合審査で問題になることは少ない。旧東京都民銀行と旧八千代銀行の経営統合がここに入る。

②地域連携型

地盤が県境をまたいで経営統合する例。もともと競争がないため、公取委の企業結合審査で問題になる懸念はない。熊本地盤の肥後銀行と鹿児島銀行が当てはまる。

③地域ドミナント型

県内での競争者が限定的で、新規参入の可能性も低い例。十八銀行とＦＦＧの統合はこの類型。すべての案件に公取委が「ノー」を突きつけるわけではないが「審査は当然に厳しく

なる」（公取委幹部）

統合が実現すれば、長崎県内の中小企業向け融資のシェアは7割を上回る。金融サービスの利用者目線で統合の可否を審査する立場の公取委からすれば、貸出金利の引き上げや貸し渋りなど、県内企業が少しでも不利益を被る可能性が残る経営統合を、簡単に承認することはできない。

公取委が地銀側に求めたのが、「問題解消措置」と呼ばれる施策だった。

店舗や貸出債権の一部を他行に譲渡するなどして、シェアを落とし、県内の競争環境を確保する。だが、十八銀行と親和銀行にとって、貸出債権は140年の歴史で積み上げた資産。それを銀行の都合で簡単に移すことはできなかった。

「無理強いすれば、子々孫々まで地域の信頼を失う」

特に慎重だったのが十八銀行だ。

2017年春。こう着状態に陥った公取委との交渉を打開しようと、何とかまとめあげた

700億円規模の債権譲渡案も公取委に一蹴され、八方ふさがりに陥った。「やめてしまおうか」。統合発表から1年半後の2017年6月上旬。長崎空港から本店に戻る車の中で、十八銀行の森拓二郎頭取の脳裏に一瞬、こんな思いがよぎった。

2016年には、債権譲渡に反対していたとされる統合責任者だった森甲成専務が死去していた。森頭取は統合の無期延期を決め、ひとまず時間を稼いだ。

十八銀行の稼ぐ力は予想以上に落ちていた。金融庁の試算がそれを浮き彫りにしていた。「顧客向けサービス業務（融資と金融商品の販売手数料）の利益率」が赤字転落の危機に立たされていた。十八銀行がマイナスで親和銀行はプラスだった。

十八銀行は地元で融資姿勢が手堅いことで知られていた。「1社・グループあたりの貸出額は上限50億円」。2000年代前半に出した方針が生きていた。

当時の藤原和人頭取は旧大蔵省出身の天下り組。竹中平蔵金融担当相が不良債権の半減目標を地銀に適用することを見送っても、不良債権処理を断行した。

２００３年に８％だった不良債権比率を07年に４％台半ばまで減らした。その時に銀行の力を弱めた可能性があるのが行員のリストラだった。十八銀行は経営効率化で３００人を削減した。

健全性は回復したものの、稼ぐ力を失うことになった。

「長崎に欠かせない」。長崎市の田上富久市長はいう。

ただ、十八銀行は自力で再び成長軌道に戻せるほどの自信を失っていた。

「10年、20年後の後輩に、なぜあのとき決断してくれなかったのかといわれたくなかった」。森頭取には、このままでは経営危機に陥るという悲壮感すら漂っていた。

無期延期から1年。十八銀行は１０００億円弱、中小企業融資の1割に相当する取引先を他行に譲渡することを決めた。

「借り換え支援」と呼ぶ方法で、取引先とのあつれきを何とか避けながら、ライバル銀行に移す難路だった。

身を切らなければ、公取委が戦後初となる排除措置命令を出すところまで交渉が行き詰まっていた。

増収が見込めない企業はリストラで身を削るしかない。上場していれば利益を株主に還元する圧力にもさらされる。

銀行は公的使命を帯びた免許業。店舗を閉める余地がなければ人を切るしかない。そして銀行法は「地方銀行」という業態を規定していない。

地銀は地域の企業や住民の支持で自然発生的にできた存在だ。地域の支持を失えば消えていくのが宿命。

十八銀行は経営統合によって「長崎資本」ではなくなるが、長崎経済が生き延びるには再編しか方法はなかった。

第2章
「優等生」スルガ銀行の背信

1　スルガ銀行に「預金支援」

「スルガ銀行に預金してくれないか。500億円は欲しい」

2018年秋、地方銀行を所管する金融庁銀行2課は全国地方銀行協会の会長を輪番で務める横浜、福岡、千葉、静岡、常陽の5地銀に預金協力を打診していた。ある地銀は「20年前の奉加帳方式が復活したのか」と反発した。

かつて地銀の「優等生」と評されたスルガ銀行。会社員らを対象にアパートやマンションといった投資用不動産の購入・建築資金を融資し、高収益をたたき出していた。

後に投資トラブルへと発展した女性専用シェアハウス「かぼちゃの馬車」もその1つで、シェアハウス投資家への融資額は2000億円規模に上った。

暗転したのは2018年1月だった。

かぼちゃの馬車を運営するスマートデイズが投資家に約束した家賃の支払いを停止し、トラブルになった。立地の悪い物件は多くが空室だらけ。同社は物件の売却益を投資家への家賃支払いに充てる自転車操業に陥っていた。その後、経営破綻した。

スマートデイズと組んで投資家にシェアハウスの建築資金を融資していたのがスルガ銀行だった。年収や金融資産が少ない投資家に融資するため、年収額などを水増しする書類の改ざんが横行していたことも明らかになった。

スルガ銀行の融資実態を調べる第三者委員会は２０１８年９月７日、審査書類の改ざんなどの不正融資がまん延していた実態を公表した。

不正融資の舞台となった横浜東口支店

シェアハウスは氷山の一角だった。

スルガ銀行はかぼちゃの馬車のほかにも幅広く投資用不動産融資を手がけていた。融資総額３兆１５００億円のうち約２兆円を占める。

「ほかでも不正を働いていたのではないか」「不良債権はどれほど膨らむのか」。自己資本を３０００億円あまりしか積んでいないスルガ銀行を信用不安が襲った。

第三者委の調査結果が公表された2018年9月前後から預金流出が加速していった。2018年4~9月期に減った預金は6737億円で、全預金の16%に上った。預金のほとんどを融資に回し、換金可能な有価証券は手元にわずかしかない。特異な事業構造が災いし、資金繰り不安に陥った。

苦肉の策の預金支援要請はこうした苦しい台所事情を看過できない金融庁が繰り出した窮余の一策だった。

「スルガを助ける必要はない。助けたら、ほかの地銀も潰せなくなる」「そんなこと軽々にできるわけない。金融システムが動揺してしまう」

当時、金融庁内部は意見が二分していた。

銀行は信用商売。預金が流出すれば、いくら潤沢に自己資本を積んでいても資金繰りが行き詰まり、経営破綻する。1997年に破綻した北海道拓殖銀行がその典型例だ。

それでも資産超過であればまだ打つ手があり、信用不安は最小限に抑えられる。

スルガ銀行の場合、この時点で資産超過なのかどうかはっきりしていなかった。銀行法上、債務超過であれば、経営破綻と認定され、預金保険機構の管理下で整理手続きに入る。

２００５年にペイオフが全面解禁された。銀行が破綻しても預金は１０００万円までの元本とその利息しか保証されない。

スルガ銀行の預金者の動揺を収めないと、仮に資産超過であったとしても資金繰り破綻しかねないという際どい状況だった。

２０１８年11月14日、スルガ銀行が発表した２０１８年４～９月期決算は９８５億円の最終赤字（後に１００７億円に下方修正）だった。

不良債権処理費用が９３３億円で、前年同期の25倍に膨らんだが、自己資本比率は８％台を維持した。これまで12％台だったところから急低下したことを考えると不正融資の衝撃は大きかったが、スルガ銀行の信用不安はぎりぎりのところで封じ込められた。

2 水面下の争奪戦

スルガ銀行は存続できるのか。

金融庁が主要な地銀に預金支援を求め、実際に拠出してもらうのであれば、大前提になるのは銀行の存続可能性だった。

「支援するスポンサー候補がいて、民間同士で解決できる可能性があれば、ゴーイングコンサーン（存続可能）じゃないか」

金融庁の遠藤俊英長官は銀行2課に情報収集を命じた。調べると有力な候補者がいた。

まず地銀同士の提携に熱心な、りそなホールディングスが強い関心を示していた。

静岡県沼津市に拠点を置くスルガ銀行を挟んで東の横浜銀行、西の静岡銀行というライバル銀行の間でもスルガ銀行の争奪をめぐる神経戦が起きていた。

「トランプ米政権に近いヘッジファンドがスルガ銀行に関心を示している」「サービサー（債権回収業者）がアパート融資の買い取りに意欲を示している」

こんな情報も駆けめぐった。

「金利が上がっても地域金融機関は衰退するだけだ。我々ならスルガ銀行をうまくマネージできる自信はある」。2018年9月25日、金融庁主催のシンポジウムで講演したSBIホールディングスの北尾吉孝社長はスルガ銀行に出資する意欲を隠さなかった。

家電量販店大手のノジマ、新生銀行も支援に名乗りをあげた。ノジマはすでにスルガ銀行株を4・98％取得している。

金融庁による当面の判断は「破綻回避・存続可能」に落ちついた。金融庁は有力地銀だけでなく、日銀にも預金支援を頼んでいた。手続きに時間がかかると当初は渋かった日銀も内部の担保基準を緩和し、万が一の資金繰り支援を約束した。

金融庁は2018年10月に投資用不動産への融資業務を対象に6カ月間の停止命令を発動した。満を持した処分だった。

主力業務を封じられたスルガ銀行が再起をはかるには、資本・業務面での支援が必要不可欠だ。水面下で駆け引きは激しくなっている。

スルガ銀行問題から浮かび上がる教訓は何か。

苛烈なノルマ営業が横行し、行員を審査資料の改ざんや不正融資に駆り立てた。不動産業者がつけいる隙も与え、銀行の経営がゆがんだ。金融庁も不正行為の横行に気付かなかった。

だが、それだけでない。「異端児」といわれつつも収益力ナンバーワンの地位を確立していたスルガ銀行ですら、不正融資という経営の屋台骨を揺るがす事態に直面すれば、いとも簡単に預金が流出し、赤字に転落した現実だ。

日銀がいくらジャブジャブとお金を流していても金融システム不安の芽はなくならない。スルガ銀行の問題は日本全国の地銀がいつ陥ってもおかしくない事態を象徴している。

3　暴走許した統治不全

「数字ができないなら、ビルから飛び降りろ」「おまえの家族皆殺しにしてやる」「死ね」スルガ銀行の第三者委員会がまとめた報告書には、生々しいパワハラの実例が記された。営業は苛烈なノルマやパワハラが横行する異常な職場で、上司の暴力や脅迫が常態化。傷害などの犯罪行為にもなりかねない過酷な事例が並んだ。

「死んでも頑張りますと答えたら、それなら死んでみろと叱責された」。こんな証言を行員にさせるような異常な職場になぜなったのか。

営業ノルマを厳しいと感じたことはあるか——。第三者委がスルガ銀行のすべての行員を対象にしたアンケート調査で「はい」と答えたのは約40％。投資用不動産への融資などの営業を担当した行員に絞ると、回答者は約87％に達した。およそ10人に９人が苛烈なノルマを感じていた計算になり、営業現場の異常さが浮かび上がる。

「ストレッチ目標」

スルガ銀行では収益目標に加え、投資用不動産融資を手がける部門には通常の１・５倍に相当する独自の高い目標を課していた。スルガ銀行の業績を一身に背負っていたといってもおかしくないほど投資用不動産融資に依存し、過度なプレッシャーを行員にかけた。

株主に対して収益の責任を持つ上場企業でもある銀行が、成長を求めるのは当然だ。営業現場が高い目標を掲げ、努力すること自体は否定されるものではない。だが、過大なノルマだけが先走ると、営業現場には無理が生じる。

「釣り堀に魚が10匹いないのに、10匹とってこいといわれる状況」なかには金利が7％を超える無担保ローンを1カ月に10億円実行するという非現実的なノルマを負わされた行員もいた。

苛烈なノルマとパワハラは本来、暴走する営業の歯止めとなるべき審査部をも機能不全に陥らせた。不正融資を黙認し、99％の案件を承認するようになった。「審査の独立性が徐々に毀損していった」（第三者委）

投資用不動産への融資について、審査部は書類の偽装や貸し倒れのリスクを認識していた。それなのに営業現場の暴走を止められなかったのはなぜか。

カギを握ったのが営業担当の専務執行役員だった麻生治雄氏だ。麻生氏は審査部の人事にも介入。投資用不動産への融資を審査していた「審査部審査第2」は、14人中13人を営業の経験者が占めるようになった。

営業現場の意向を強く反映し、公正な審査からはほど遠い状況になった。２０１４年5月には麻生氏の意向で、審査第2部長の配置換えまで認められた。

その結果、生まれたのが偽装しても書類さえそろえばよいという形式主義だ。なかには免罪符のように麻生氏の名前を出して審査を通す営業マンもいた。不正を防ぐブレーキが存在せず、気付けば不正融資が行内全体にまん延した。

超低金利や人口減で地銀の経営環境は厳しさを増す。収益確保を最優先にし、無理に不動産融資へカジを切った地銀は少なくないが、先頭を走ったスルガ銀行は信用を求められる銀行の姿とは大きくかけ離れていった。

「『清く正しく』稼ぐ難しさを、経営も当局も十分に認識しないと見誤る」。ある金融庁幹部は自戒を込めて語った。

ひとつの疑問が浮かぶ。営業現場はなぜここまでやりたい放題に暴走できたのか。

「知り得た証拠は見あたらない」

スルガ銀行の第三者委員会は岡野光喜会長、米山明広社長ら5人の取締役について審査書類の改ざんへの関与を認定しなかった。

もちろん、責任がないという意味ではない。不正がまん延していたのに経営陣に情報が届かなかった企業統治（ガバナンス）の不在を批判し、病巣を浮き彫りにした。

報告書はスルガ銀行問題の背景について「意図的と評価されてもやむを得ない断絶と放任・許容にあった」と指摘した。収益の大半を稼ぎ出す投資用不動産融資を聖域視したことあわせて本質的な原因だと断じた。

経営陣は不正融資の横行を本当に知らなかったのか。

「審査部内では多くの不正行為等の疑義が担当者レベルでは広く認識されていたにもかかわらず、結果的に取締役会や経営会議などの正式な会議体に報告されなかった」。報告書はこう記した。

経営を監督するはずの取締役会は、各年度の営業目標をそのまま承認しただけだった。社外取締役で企業文化・ガバナンス改革委員会の木下潮音委員長は記者会見で「（社員は）自分の関係のないものに目をつぶっていた」とも語った。

それでも危うさに気づいていた役員はいた。

2015年2月、延滞している債権の回収にあたる融資管理部と岡野喜之助副社長（故人）が「出口から見た気づき」という名称の会議を開いた。

第三者委員会が調査結果を出した日に、岡野会長と米山社長は引責辞任した

資料には「融資実行後1年以内の差し押さえが散見」「デフォルト（貸し倒れ）に至った案件のほぼすべて（の自己資金）が架空や偽造」といった言葉が並んでいた。

現場は変調を察知していた。だが、岡野副社長は審査を厳しくするよう指示を出さず、役員間でも情報を共有しなかった。

２０１５年１月の経営会議でもアパートローンの訴訟にからんで審査書類の改ざんが指摘されたが、望月和也専務は「所得証明自体が偽装されているのであれば、銀行の善管注意義務は果たしている」と主張し、結論は出なかった。監査役も２０１４〜17年に審査部から上がったアパートローンのリスク報告を黙殺した。

企業統治の不全は2017年2月のシェアハウス事業者「サクト」の頓挫で表面化する。「ものすごく深刻」と感じた白井稔彦専務の要請で、同年4～7月に「サクト会議」を開いた。7月の第4回会議では融資を禁じられた事業者への迂回融資や賃料偽装の疑惑などに「これはおかしいという認識、雰囲気」になったにもかかわらず、会議は消滅した。10月まで取締役会に報告すらされなかった。

この10月にシェアハウスへの融資には歯止めがかかるが、営業本部の抵抗で2017年中は融資が続いた。第三者委が取締役らの法的責任を指摘したのは主にこの点で「当事者意識がない」と断じた。

第三者委は不正融資に走った問題の所在を浮き彫りにしたが、企業統治の分析には限界も垣間見えた。

創業家が営業の暴走を黙認した理由については「調査対象からは相当離れる」と明言を避けた。過大なノルマを課した背景も「経営層の言い分が一致していない」と判断を留保した。

金融庁は2018年10月、スルガ銀行に投資用不動産融資の業務を6カ月間止める命令を出した。行政処分を受けた後のスルガ銀行の経営体制は、投資ファンドのジェイ・ウィル・パートナーズ出身で、東北を地盤とするきらやか銀行専務を務めた佐々木弘氏が業務改革担当の上席執行役員として加わった。

不正融資の再発防止は企業統治の抜本的な立て直しが本丸だ。自前で経営改革できるのか、外の力が必要なのか。支援先探しもその見極めが要諦になる。

4 「異端児」の変質

不正融資が表面化する前、スルガ銀行は「地銀の優等生」と呼ばれ、独自のビジネスモデルが全国に知られていた。

1980年代から取り組んだ米国の個人銀行をモデルにした顧客情報管理（CRM）システムを軸にした個人金融（リテール）は、地銀業界の競争を経て内実が腐り始めていた。挫折に至る道筋はどのようだったか。銀行の原点からたどっていく。

沼津市の岡野公園にたつ喜太郎氏（写真左）と豪夫氏の像

静岡県沼津市。沼津駅から北に車で20分ほど走ると、スルガ銀行の創業の地である沼津青野支店がみえてくる。近隣の岡野公園には、創業者・岡野喜太郎氏の像が立っている。

支店内の「喜太郎文庫」には、スルガ銀行の歴史を示す品の数々が並ぶ。同店には創業時からの顧客も多いという。

もともとスルガ銀行は静岡県沼津市の農村、青野の相互扶助組織を源流とし、1895年に資本金1万円、当時は全国で最小の銀行として設立した。

初代頭取は岡野喜太郎氏。喜太郎氏の思想は「勤倹貯蓄」で、寒村の青野でも、飢饉《ききん》に備えて貯蓄に励めば村を富ませられるという狙いがあった。

第2次世界大戦中には「一県一行主義」に基づき静岡銀行との合併を迫った大蔵省に対し、絶対だった国の方針にかかわらず、喜太郎氏は「勝手に決めるな」と拒絶。スルガ銀行の独立路線を決定づけた。

喜太郎氏はほかにも神奈川県の財政危機に際する融資や震災時の預金の払い出しなど、辣腕を振るった。死去する1965年まで経営に関わり、地銀界の長老格として名をはせた。

2代目の岡野豪夫氏は67歳で就任。東海道新幹線の三島駅（静岡県三島市）の誘致など県東部の経済人として地域振興に力を入れた。静岡県東部から神奈川県西部を地盤にする地域の中堅行としての地位を確立した。

スルガ銀行が個人に特化した金融にカジを切ったのは、オーナー家の岡野光喜元会長兼最高経営責任者（CEO）が1985年に頭取に就いてから。岡野氏は、個人取引を軸にしたウェルズ・ファーゴなどの米銀行業の隆盛を見て、将来性に気づく。

スルガ銀行が当時、支店を展開していたのは主に静岡県と神奈川県。有力企業との取引は全国有数の規模を誇る静岡銀行と横浜銀行の牙城だった。

個人消費は国内総生産（ＧＤＰ）の半分以上を占める。銀行界で見向きもされていなかった個人に活路を求め、「オンリーワン」の路線を採ることになった。

岡野光喜氏の前任だった岡野喜久磨頭取は１９８５年、日本経済新聞のインタビューに「当行の社員は伝統の上にあぐらをかいているきらいがある」と語っている。

法人取引の採算は低迷しており、当時の日経の記事は「経常利益が五十六億九千七百万円で前期比七・二％減、当期利益は二十一億四千六百万円で二五・五％もの大幅ダウン」「貸出金利が低下し、逆ザヤに転じた」と伝えている。

スルガ銀行は路線転換の過程で、多くの県内企業との取引をなくしてきた。在任期間の長い静岡県内の経営者らの多くは「スルガ銀行との取引がなくなった」と覚えている。

経営資源を法人取引から個人取引に注ぎ込む「選択と集中」に真剣に取り組んだ。現在、スルガ銀行の貸出金残高に占める法人融資の割合は約１割にすぎず、本拠地である静岡県沼津市内の専門部署が取り組む仕組みになっている。融資先は主に県東部の中小企業だ。

スルガ銀は神奈川県庁内にも有人の店舗を構えている

ユニークな戦略が軌道に乗り始めたのは2000年代初頭。

その代名詞として語られるのは1999年に投入した融資商品「スーパーホームローンワイド」だ。勤務年数といった定型のもの差しで可否を判断していた融資基準を緩めたのがポイントだった。

2000年前後には融資対象を女性に特化した「ホームローンレディース」、インターネット支店を通じた「宝くじ付き定期預金」といった特徴的な商品を次々と投入。ほとんどが「邦銀初」と位置づけられた。リテール力の高まりを裏付けた。事前の審査を経てATMを操作するだけでカードローンの融資ができるシステムも2001年に稼

独自の取り組みで「地銀の優等生」の看板をほしいままにしてきた

1895年	根方（現在のスルガ銀行の前身）銀行設立。資本金1万円。当時として全国最小の銀行としてスタート
1985年	岡野光喜氏が頭取に就任。リテール特化にかじを切る
98年	執行役員制度導入
99年	業界で初めて顧客情報管理（CRM）システムを導入
	業界初のネット支店設置
99～2000年	「スーパーホームローンワイド」、女性専用住宅ローン「スーパーホームローンレディース」扱い開始。前後して自営業者向けなどこれまで住宅ローンの対象外だった層に住宅ローンを拡販する
04年	全日本空輸と提携し、ANA支店オープン。異業種提携の先駆けとなる
08年	ゆうちょ銀行と業務提携
	札幌に支店開設。全国への店舗展開を本格化
13～17年	5期連続の最高益
2018年5月	不正融資の表面化を受けた社内調査結果を発表。不正行為に関与の可能性示唆。第三者委員会設置
9月	第三者委の調査で不正融資は「組織的」と認定。会長・社長が引責辞任。金融庁は10月に半年の一部業務停止命令
11月	シェアハウス向け融資への引当金計上で巨額赤字に。旧経営陣らを提訴

働させた。

一連の動きを支えたのが1999年に稼働した顧客情報を管理するCRMシステムだ。銀行内で関係部署が縦割りで取りまとめていた預金・融資、外為、コールセンターなどの顧客の情報を一元管理する。ある顧客のデータを追っていくと、預金以外にも過去の商品の履歴をまとめて参照し、顧客に応じた売り込みを可能にする仕組みだった。米情報大手と連携して開発し、投資額は約50億円にのぼった。

2003年度には独自性と収益力を両立する企業を表彰するポーター賞（一橋大学が運営）を受賞した。業績をみても、1999年3月期に地銀平均を下回る0・42%だった総資金利ざやは、2003年3月期には0・78%に拡大した。3・5%以上という相対的に高い金利の住宅ローンが急増し、本業のもうけを示すコア業務純益も急拡大した。住宅ローン残高は2003年3月期に1兆円を突破。2001年3月期と比べると3000億円弱も増やした。

スルガ銀行の理想は、CRMを通じ、数十種類の住宅ローン商品を駆使してそれぞれの個人客に最適なローンを提案することだった。

画一的な基準にとらわれず、それぞれの信用力に応じ、普通の銀行が融資できない層に貸す銀行だった。複数のスルガ銀行関係者は、十分な収入があるにもかかわらず家を購入できないといった「社会の課題を解決しようとするものだった」と当時を振り返った。

スルガ銀行が参考にしていたのはノンバンクだとされる。高い利率で女性らに住宅ローンを実行していたビジネスモデルをまねた。地元で低利で調達した預金をもとに、相対的に高い利率で貸し出す。

他の地銀が触らなかった分野を掘り起こし、融資を増やしていった。スルガ銀行が「成功」したのは必然だったといえるかもしれない。

しかし、「成功の呪い」というべきなのか。リテール事業の急拡大は徐々にスルガ銀行の内部にひずみをもたらした。

日本経済新聞の取材によると、融資残高の増加は延滞債権の増加に直結した。規模の拡大に対応するため、延滞している債権の返済督促や、保証会社が返済を肩代わりする代位弁済といった融資管理業務を本部で集中処理した。その結果、営業現場では貸し倒れに備えてリスクを管理するという意識が薄れていき、苛烈なノルマ営業に突き進む体制が敷かれた。

本来であれば支店といった営業現場は顧客の信用力を精査し、貸し倒れる可能性が高い案件には融資しないと判断する。貸し倒れを可能な限り防ぐ第一線であるはずだ。それが徐々に新規融資の獲得にだけ血道をあげるようになった。

当初はリスク管理に精通したベテランが現場で融資を管理した。

だが、1990年代半ばごろからリテール事業への特化を進めるなかで、営業マン一筋の行員へと入れ替わっていった。とにかく新規の融資獲得ありき――。規模の急拡大は、現場のモラル喪失を準備する役割を果たした。

2000年代半ばになってくると、スルガ銀行の成功に目をつけた他行の追随も激しくなった。他行も女性や転職が盛んな業界の会社員に貸し出すため、審査基準を見直した。

スルガ銀行はがん保障特約付きといった独自の住宅ローンで応戦したが、当初ほどのインパクトはなかった。

伸び悩み始めた実績をいかに再び増やすか。2000年代後半にスルガ銀行が踏み出したのが投資用のアパート、マンションの購入・建築資金を積極的に貸し出す戦略だった。「PA1」

2000年代後半に残高を伸ばした区分所有マンションを対象にしたローンの名称だ。2008年のリーマン危機前で、大都市圏を中心に「不動産プチバブル」とも呼ばれた時期にかさなる。

新たな成長エンジンを手に入れたスルガ銀行は再び利益を伸ばしていった。

3〜4%台という高い利率で、資産形成の使途でサラリーマンらに資金を貸した。「顧客の夢を応援する」というスルガ銀行の理想に相違するものではなかったが、これが挫折のきっかけになったとみる関係者は多い。

投資用不動産融資は従来の住宅ローンやカードローンと異なる点があった。

返済の原資は給料など個人の稼ぎではなく、アパートやマンションからあがる家賃収入であることだ。物件を選び間違えれば、空室だらけになり、返済不能に陥りかねない。貸し出すのは個人であっても、実質的には不動産賃貸業という事業への融資になる。

さらに賃貸事業を展開するにあたり、物件をサラリーマンらに売ったり、物件を借り上げて「サブリース（転貸）」によって運営を代行したりする業者が存在し、強い影響力を持つ。スルガ銀行が推進したCRMを通じた顧客データの一元管理は、あくまで個人客に関するものだった。関係者によると、「チャネル」と呼ばれる不動産業者を通じて個人客を紹介され、融資するなかで、リテール銀行の姿は薄れていった。

スルガ銀行は手をこまねいていたわけではない。2008年にはチャネルを対象にしたCRMを稼働させた。資本金など法人の基本情報を登録し、営業推進のツールとして利用するほか、不良な業者かどうか確認するようになった。

ただ、チャネルを対象にしたCRMは営業推進ツールの色彩が強く、サブリース業者の登録や名寄せが不十分だった。こうした問題は不正融資の発覚後、投資用不動産融資の実態調査で表面化した。

スルガ銀行は個人客を紹介してくれるチャネルへの依存を強めていった。首都圏で融資を増やす過程で、悪質なチャネルとの関係も始まった。

「裏を返せば2008年当時、すでにスルガ銀行がこのような不良行為をするチャネルの存在を認識していたことを意味する」。不正融資問題を調べたスルガ銀行の第三者委員会はチャネルを対象にしたCRMの整備に関連してこう指摘している。

PA1を手始めに投資用不動産への融資に本格的に動き始めたスルガ銀行。

2008年前後から、もともとあった増収増益を「必達」とする思考に加え、不正融資がまん延する土壌が次々とできあがる。

PA1は「デート商法」などの不祥事が持ち上がり、取り扱いが減った。

その次は「1棟もの」と呼ばれるアパート・マンションを丸ごと買う資金を貸し出すローンに突き進んだ。リスクは高いが、億円単位の資金を手っ取り早く貸せた。その1つが2000億円を貸したシェアハウス。全体では投資用不動産融資を2兆円規模に積み上げた。

ある地銀幹部は「異端児だが、商品力は一目置かざるをえなかった。近年は単に営業部隊が強いだけの銀行になっていた」とスルガ銀行の変質を語っている。

なぜスルガ銀行は変質してしまったのか。

背景にはまず「兵たん」が伸び切ったことが指摘される。

象徴的なのは、地銀界を驚かせた、日本郵政傘下のゆうちょ銀行との個人ローンでの提携だ（2008年4月発表）。ゆうちょ銀行はスルガ銀行に融資案件を取り次ぐ代理店業務を務めることになった。スルガ銀行は住宅ローンなどに不慣れな「郵便局員」に代理店業務を教えるため、多くの行員を派遣した。

現社長の有国三知男氏をはじめ、当時行内でエース級とされていた行員の多くがこの業務で忙殺された。さらに2008年の札幌市への進出をはじめとする全国展開を加速させた。全国に支店を置くことによって、各地の投資用不動産への融資が可能になる。ライバルの地銀に比べて収益機会は格段に増える。一方で各拠点の行員は減少。1つひとつの融資案件を丁寧に検討する時間はなくなり、現場の空洞化は加速していった。

2013年に始まった日銀の異次元緩和後、法人融資の利ざやが縮んだ有力な地銀や大手銀行はスルガ銀行の個人客に激しい借り換え攻勢をかけた。メインバンクと安定した関係を重視する法人と違い、個人は借り換えをためらわない。

融資残高が増える半面、積み上がる繰り上げ返済の圧力に営業本部は焦りを強めていった。

第三者委でとりあげられた、2016年9月のセンター長会議における「パーソナル・バンクが風邪を引くと銀行全体が死亡する」というような議論はこうした風潮のなかで出てきたものだった。

スルガ銀行のアパートローンの金利は3～4%台と高く、低い金利での他行の借り換え攻勢に脆弱だった。

新規の融資実行額が総貸出金残高（個人向け、年度末）に占める比率は、2004年度から10%程度で推移。2012年度から上がり始め、2016年度は14%になった。

融資残高を維持するため新規案件へと駆り立てられる自転車操業を強めていく。5期連続の最高益といった常に成長を続けていく業績は、苛烈なノルマ営業とパワハラに駆り立てられた行員の暴走で実現された、砂上の楼閣だった。

首都圏はもちろん、大打撃を受けていたのは本来の地盤である静岡や神奈川県西部の店舗だった。大都市圏以外の店舗を統括する「コミュニティ・バンク」の貸出金残高は前年実績割れが続いた。「スルガ銀行の融資先はほとんど借り換えされていた」。静岡県内の、ある金融機関の支店長は不正融資が表面化した2018年にこう語った。

ゆうちょ銀行との提携による人手不足や低金利政策。こうした厳しい経営環境下で、スルガ銀行の首脳は営業本部に達成の難しい「増収増益」を強い続け、不正融資をうんだ。

CRMを通じて個人の資金需要にきめ細かく応じるという当初の思想が、間違っていたわけではない。

ただ、法人と異なり、個人金融は1人の個人客の資金需要がいつまでも増え続けるわけではない。リテールへの過度な依存はいずれひずみが出てくるという現実をスルガ銀行の挫折は示している。

第3章

暴走するアパートローン

1　魔法のつえ「法人スキーム」

「りそな銀行が法人スキームの実態調査を始めた」

「債務を隠した投資家には一括返済を求めているようだ」

2019年2月、不動産投資家の間でこんな情報が駆けめぐった。

法人スキームは「1法人1銀行」「1法人1物件」「複数法人スキーム」とも呼ばれる。アパートやマンションといった投資用不動産を1棟買うごとに不動産所有・管理法人を新設し、法人名義で融資を受ける手法だ。次の物件でも法人を新設し、別の銀行で融資を受ける。これを物件と融資してくれる銀行の数だけ繰り返す。

投資家が法人のオーナー経営者として法人名義の借り入れに連帯保証するのが、法人スキームの肝だ。法人への連帯保証の有無は個人の信用情報に記載されないことが多く、融資した銀行以外は実質的な借り手である投資家の債務の全容を把握しにくい。

投資用不動産に積極的だったスルガ銀行でさえ、年収の20～30倍程度が1人の投資家に対する融資額の上限だった。法人スキームは投資家の債務を「見えない化」することができるため、投資規模を短期に急拡大することが可能だ。しかも法人スキームはうまく使えば、個人で買い進めるより税制のメリットが大きく、建物部分にかかる消費税還付の手法も組み合わせられる。違法行為ではないが、グレーな手法ともいえる。

りそな銀行は法人スキームを使った投資用不動産への融資にも応じていた。複数の投資家によれば、りそな銀行は2018年ごろから法人スキームの調査を本格的に始めた。多額の債務を隠していた投資家には融資の一括返済を迫ったり、高い金利を付けたりしているという。

40代で20億円の投資用不動産を手にした都内の会社員は関東、甲信越の地銀や信用金庫などから法人スキームで融資を受けた。特に日銀がマイナス金利政策を始めた2016年2月からは地銀を中心に「いくらでも融資を引けましたよ」という。りそな銀行の件については「法人名義で多額の融資を受けた投資家が行き詰まり、債務の実態が発覚したのではないか」と推測した。

りそな銀行は法人スキームに関する日本経済新聞の取材に対して「お客様が過剰な借り入れをすることなく、自身の収入や資産内容にあった資産形成をしていただくためです。また銀行としてお客様の実情を把握し、適切な与信判断をするためでもあります」と答えた。

「メガ大家」。投資規模が10億円以上の投資家はこう呼ばれる。著名なメガ大家の間で法人スキームはかなり前からひそかに使われ、ノウハウが伝承されていた。

逆にいえば、さほど金融資産を持たない、年収500万～1000万円程度のサラリーマン投資家が個人名義で10億円も20億円もの融資を引くことはほとんど不可能だ。法人スキームは投資用不動産を一気に増やし、経済的な自由を夢見る投資家には「魔法のつえ」に映った。

法人スキームが一般の不動産投資家に拡散していったのは、投資用不動産の販売業者が2016年ごろからセミナーで広め、客に推奨していったことが大きい。実態はどうだったか。

2 資産80億円の「勝ち組」投資家

東京・墨田区のJRのとある駅から歩いて15分ほどの場所に、古びた2階建ての建物がある。看板にはある業種の「事務所」と書かれているが、この建物は10以上もの不動産所有・管理法人の「本社」として登記されている。

墨田区の建物は、投資用不動産の所有・管理を目的とする法人の本社所在地として登記された。法人のトップとして記載されているのはすべて同一の人物だ。登記簿をみると、墨田区の建物を「本社」にした投資家の住所は近隣にある別の区だった。法人の数だけ融資した銀行が存在することを意味している。

投資用不動産の物件サイト「楽待」。2019年2月に法人スキームをフル活用した投資家に触れた興味深い記事が載った。要旨を引用する。

東京都在住で、総投資額80億円、所有物件40棟600室、年間家賃収入が7億6000万円の投資家（50代男性）。2015年から法人スキームで急速に規模を拡大。計28法人で24

の金融機関から融資を受けている。不動産業者に勧められるまま1棟目から1年足らずで10棟を買い、総投資額は20億円まで拡大。4年で80億円に達した。

この投資家は記事中で「すべての別の法人、別の地銀でフルローン、オーバーローンを引いたが、特に2015年、16年は融資で困ることがなかった」と振り返った。そのうえで「あの時代にこのスキームを使わなければこのスピードでの規模拡大は不可能だった。拡大できる時期に拡大できたという意味で勝ちだと思っている」とも語った。一方、りそな銀行からも融資を受けており、所有する法人について聴取を受けたという。

資産家でもないような50代の男性がわずか4年で80億円もの融資を受け、巨額の不動産を買い進んだ。法人スキームの威力を如実に物語っており、その実態を知れば銀行は腰を抜かすかもしれない。

3　「三為業者」の告白

島田明夫氏（仮名、38）は2018年9月、投資用のアパート・マンションの販売業を廃業した。島田氏は同年12月、旅行先から一時帰京し、日本経済新聞の取材に応じた。不動産ブームの生々しい狂乱ぶりを証言した。

会社員ら買い主を見つけてきたうえで、表面的に売り主から買い取った物件にたんまりと利益を乗せて売りつけてきた。在庫を実質的に抱えない「三為業者《さんため》」と呼ばれる不動産売買の業態だった。

2009年に会社をつくり、累計で1300億円超の物件を会社員らに売ってきた。東京・港区の一等地に月額家賃450万円のオフィスを構えた。年間に億円単位の収入を手にした若手営業マンもいた。

業容拡大のカギは買い手である客への融資付けだった。

60人の営業員にそれぞれ2～3人の「改ざん要員」をあてがい、銀行の審査を通りやすいように資料を改ざんした。

預金通帳の残高を増やし、潤沢な資金を持つ優良客に見せかけた。家賃や入居の履歴（レントロール）にも手を加え、満室で回る物件に仕立てた。契約書の売買金額も水増しした。

不正な手口を使った相手は不動産融資で暴走したスルガ銀行だけでない。メガバンクのほかに、北陸や東北、関東甲信越の上位地方銀行、政府系金融機関からも融資を引き出した。1人の客に10億円を貸した関東の地銀もあった。

だが、スルガ銀行の不正融資問題で当局の監視の目が厳しくなるなかで他行も融資に慎重になり、会社は行き詰まった。

島田氏は「数千万円の自己資金を持つ会社員はそういない。改ざんしなければ融資が出なかった」と振り返った。不正な融資が拡散している実態が浮かびあがる。

「案件を紹介して欲しい」。島田氏のもとには銀行の営業マンが日参した。2016年に日銀がマイナス金利政策を始めると、地銀を中心にどんどん融資がでる時代になった。

だが、入居者を安定して集め、収支が回っている物件だけではない。地方の物件はレントロールを偽装し、売り主の家賃保証も付けた。保証期間が終われば、優良な物件に見せかけた物件は空室だらけになり、投資家は融資の返済に窮しかねない。その投資家も多くは優良客に見せかけており、返済能力はそもそも低い。「時限爆弾」の爆発は近づいている。

スルガ銀行の不正融資問題で、島田氏を含めた三為業者には激震が走った。地銀は1棟物件への融資に慎重になり、預金や年収を示す審査資料も現物を直接確認し始めた。偽装が通じなくなった。島田氏はいま不動産とは別の商材でもうひと勝負する考えだが、多くの三為業者は投資用の「区分所有マンション」の売買に移った。区分所有ではかつての1棟物件のようなバブル的な状況にあるという。

島田氏のような不正行為は特殊な例ではなく、投資用不動産業界でごく普通に存在していた。

2018年5月に別の不動産営業マンに話を聞いたところ、アパートやマンションへの投資ローンでの改ざんは多いと証言した。例えば、実際の取引額は1億円なのに、1・3億円に水増しした売買契約書を銀行に提出し、多額の融資を引く。ふかしや二重丸と呼ばれる手口は「客の多くが求め、銀行は見て見ぬふりだ」という。

たいていの銀行は物件価格が1億円なら、その8割まで、つまり8000万円までといった具合に物件価格に対する融資の上限額を設けている。

だが、2000万円もの大金を手元に持つ会社員はそういない。そこで物件価格を1億2500万円に水増し（ふかし）して、その8割にあたる1億円の融資を引き出す。

スルガ銀行でもこの手法が多く使われていたが、本当の契約書と銀行に提出する契約書の2つが存在する。つまり、客も物件価格の全額を借りるために、偽造した契約書に署名、なつ印していることになる。

もっとも、多くの不動産業者と買い主は、銀行に「偽造」を疑われた時に備え「覚書」を交わしておく。売買価格は価格交渉によって契約時より下がりました――。こんな説明ができるように準備していることが多い。

こうすれば、古い契約書を銀行に提出してしまった「ミス」で済む。ある都内の不動産営業マンによれば、偽造した売買契約書の価格を前提に、銀行提出用の確定申告書をつくる専門家もおり、契約書の偽造は銀行には発覚しにくいという。

4　それでも不動産に貸したい銀行

関東に住む30代の会社員、吉田順一さん（仮名）は２０１６年に住宅ローンを借りた時の後ろめたさを忘れられない。不動産会社で銀行に出す書類を記入し、預金通帳と一緒に担当者に渡した。残高が20万円の預金通帳を見た担当者は部屋を出て、10分後に戻ってきた。通帳の１００万円の単位部分に数字を書き加えて改ざんし複写。「これを持っていけば問題ありません」と言った。

吉田さんはその足で関東の地方銀行に向かい書類を手渡した。通帳のコピーを見た行員は一瞬けげんそうな表情を見せたが、受け取った。融資は実行された。「不動産会社も銀行も何とか契約したい感じだった」と吉田さんは話した。

女性専用シェアハウスへの投資トラブルで明るみになったスルガ銀行の不正融資。米山明広社長は２０１８年5月に「相当数の社員」が、審査を通りやすくしたり、多くの融資を引き出したりするため、年収証明や預金残高などが改ざんされていることを知り、融資した可

スルガ銀行の内部資料に記された借り換え先の銀行
（2016年月次分で首都圏を抜粋）

新宿	静岡、群馬、伊予、西京、山梨中央、北陸、東日本、西武信金
日本橋	山陰合同、北陸、福岡、東京都民、さわやか信金、川口信金
渋谷	静岡、関西アーバン、東日本、SBJ、イオン
首都圏営業	横浜、群馬、福邦、第一勧業信組、オリックス、みずほ、三井住友
大宮	千葉、北陸、千葉興業、埼玉りそな、巣鴨信金、埼玉県信金
千葉	千葉、千葉興業、富山第一、茨城県信組、三井住友

能性があると明言した。

スルガ銀行で起きていたことは特殊事例ではない。それをうかがわせる資料がある。

他行への借り換え額は2016年度で900億円超――。日本経済新聞が2018年5月に入手したスルガ銀行の内部資料をみると、マイナス金利で追いつめられ、融資先に窮した全国の地銀などが、大都市圏のスルガ銀行の融資先を奪いに走った姿が垣間見える。

資料は、支店と各融資の金額・利率の横に、借り換えられた先の銀行と条件が記してある。例えば、東京・新宿の融資が山口や山梨、四国の地銀に取られ、神奈川・横浜は関西や群馬の地銀に代わられた。金融庁の有識者会議が「銀行業が成り立たない県」と指摘した地域の銀行も目立つ。

３～４％台と高い利率のスルガ銀行のアパートローンなどを、１～２％程度で肩代わりしていった。ある地銀関係者は「相続が発生するタイミングが借り換えの狙い目。遺族は融資してくれた銀行に恩義を感じていないので、低めの金利を提案すれば比較的簡単に借り換えてもらえる」という。

前述の法人スキーム。スルガ銀行の不正融資問題が世の中を揺さぶり、金融庁や日銀が投資用不動産への過剰な融資を問題視し始めた２０１８年後半。30代の会社員（男性）は法人スキームを使って2億円の物件を2棟買った。「やはり法人で持たないと税金が大変ですよね」。融資した地銀は法人スキームに理解を示し、融資の手続きは円滑だった。年末に法人への大型融資をまとめられ、担当者や上司は満足げな様子だった。会社員はこう振り返った。

銀行からすれば、担保を持たない中小企業への融資を増やすより、安定運営が見込める立地のアパート・マンションの取得資金への融資はやはり魅力的に映る。

アパート融資残高は頭打ち感が出てきた

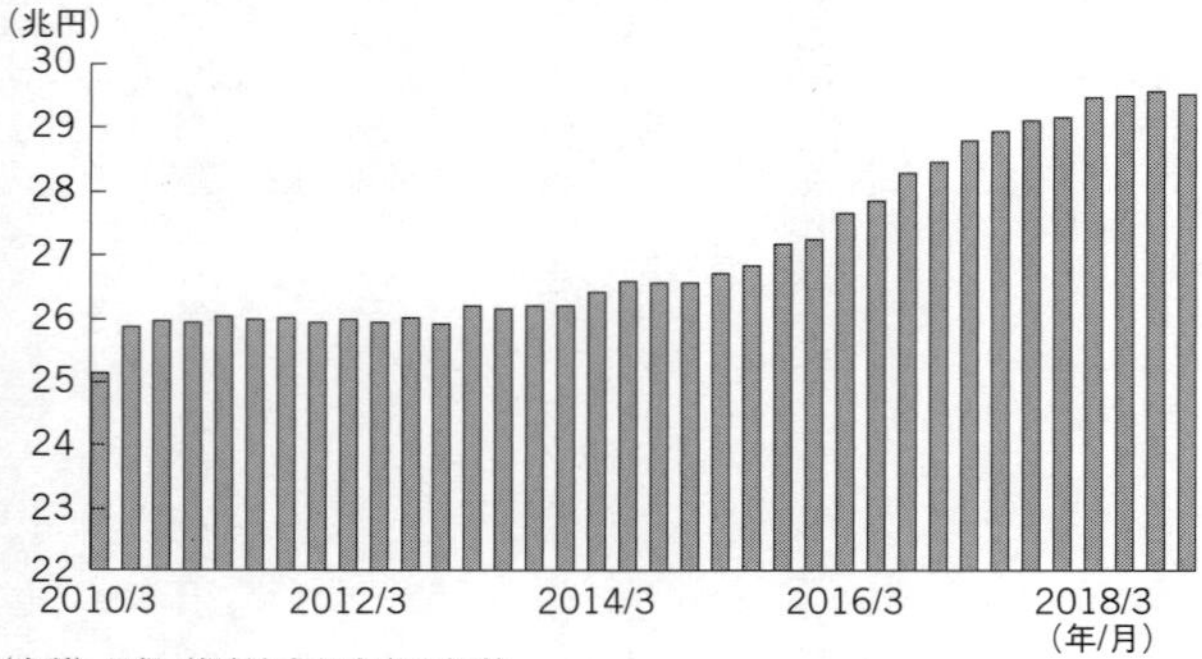

(出所) 日銀 (銀行と信用金庫の合計)

法人スキームもうまく使えば、税制のメリットがあり、投資家の手元資金は厚くなる。

なにより、地元に有力な企業が少ない地銀は、首都圏などの法人に対して億円単位の融資実績をつくり、ノルマを果たせる。

法人スキームを使った投資用不動産への融資は銀行にとっては一定の合理性があるだけに「なくなることはない」(不動産営業マン)。

2018年3月の銀行(信金を除く)のアパート融資残高(日銀調べ)は23兆円。リーマン危機直後の2009年と比べ約2割増えた。地銀のシェアは5割。すでに残高も減り始めた大手銀行とは対照的に増え続けている。

2008年のリーマン危機は低所得者への返済能

力を超えた住宅ローンとその貸し倒れが震源地だった。日本の地域金融で進む不動産投資への過剰な信用創造。将来的に金利が上がったり、空室が増えたりすれば不動産の価格は下がり、巨額の融資は不良債権になりかねない。

臨界点は静かに、だが確実に近づいている。

5 タテルに裏切られた西京銀行

アパートの施工・管理を手がける、東証1部上場のTATERU（タテル）。

2018年12月27日、建設資金の借り入れ希望者の預金残高を水増しするなどの改ざんが350件見つかったと発表した。改ざんは同年8月末に表面化し、2015年12月以降の案件を4カ月かけて調査してきた。

多くの客は山口県の西京銀行から建築資金の融資を受けていた。実はこの4カ月の調査中も、西京銀行はタテル案件に融資を続けてきた。

日本経済新聞が登記簿などを調べたところ、調査結果が出る直前の2018年12月の融資

西京銀行はTATERU物件への新規融資を止めた（神奈川県内の物件）

実行分だけで少なくとも36件あった。調査中の4カ月では全国で60件以上のタテル案件に土地などの購入費用として平均で1億円を貸していた。

西京銀行は融資の継続について「8月31日以降は新規の受け付けを止めた。それ以前に結んだ契約分は改ざんがないことを直接確認して融資を実行した」と日本経済新聞に説明した。

西京銀行の「不動産業（物品賃貸業含む）」向け融資残高は2018年3月期に2925億円となり、4年前の1・8倍。融資全体の4分の1を占める収益源になった。ただ、タテルが手がける物件への融資の再開のメドは立っておらず、この分野からの収益は見込みにくくなった。

従来、アパート・マンションの建築資金は地主や富裕層を対象にした事業融資が主流だった。先陣を切ってスルガ銀行が２０００年代後半ごろから会社員ら給与所得者に投資用不動産への融資を増やし始めた。大都市圏の不動産を担保に多額の融資ができるとあって他の銀行も参入した。

不動産投資熱と物件価格の上昇は銀行の積極的な融資姿勢と軌を一にしている。一方、返済能力を示す資料を原本で確認する基本動作を怠り、不正を見抜けなかった銀行。業者につけいる隙を与え、不正融資もまん延した。

TATERUの本社が入るビル
（東京・渋谷区）

6　金融庁も見過ごせず

金融庁は２０１８事務年度（18年７月～19年６月）までの金融行政方針で、投資用不動産向け融資の実態調査に乗り出す方針を打ち出した。

スルガ銀行のような事例をどうすれば防げ

るのか。スルガ銀行のような事例が、他の金融機関でもまん延しているのではないか、という問題意識からだ。

金融機関に配ったアンケートでは、融資の規模から始まり、顧客の収入や財産の状況をどのように確認しているのか、融資物件の現地調査や価格水準の妥当性の確認の有無などを細かく聞いている。

最も重要な項目が「持ち込み不動産業者の管理」の項目だ。客を連れてくる持ち込み不動産業者との取引を始めたり、停止したりする基準や大口の持ち込み不動産業者を尋ねている。ある金融庁幹部は「投資用不動産向け融資で、持ち込み業者というリスク要素を正確につかめていなかった」と打ち明けた。

投資用不動産向け融資は、基本的には土地や建物が担保になっているため、返済に行き詰まれば、担保にとっている土地などを処分して回収できる。このため銀行の財務上のリスクは小さいと受け止められてきた。

ただ、スルガ銀行の不正融資で明らかになったのは、契約価格の大幅な水増しや、周辺相場を大きく上回る価格で取引されていた実態だ。

こうした不正が入り込めば、財務上のリスクは小さい、という従来の前提は崩れる。「顧客本位の業務運営」という観点だけでなく、信用秩序の観点からも看過できないテーマになっている。

第4章

モラトリアム法の負の遺産

1　広島銀行の苦悩

2018年8月30日、東京地方裁判所。あるマンション開発・販売会社が民事再生法を申請し、経営破綻した。申し立てたのは広島市に本社を置く日本アイコム。地元では「CLARS（クラース）」のブランドで知られるマンション分譲会社だ。

2002年の設立後、広島を中心にマンションの販売代理を始め、不動産開発にも進出して業容を拡大した。2016年9月期には67億円の売上高を計上した。

だが、建設費の高騰で借入金が膨らんだ。仕入れた土地に地中障害が見つかり、撤去費用もかかり、採算が悪化した。

2017年9月期は売上高が26億円に急減。資金繰りのメドが付かず破綻に追い込まれた。負債総額は116億8700万円。中国地方5県の2018年の倒産で最大の破綻となった。

実は日本アイコムの財務状態は長く実質的な債務超過状態にあった。資金繰りのため、簿外債務を抱えて粉飾決算に手を染めていた。メインバンクは全国地方銀行協会の会長行も務めたことのある中国地方の有力地銀、広島銀行。当然ながら広島銀行も日本アイコムの危うい財務状態を把握していたようだ。

本来であれば不良債権とみなし、焦げ付きに備えた貸倒引当金の積み増しが必要だ。だが広島銀行は内部の格付けで日本アイコムを正常債権としていた。なぜか。

中小企業金融円滑化法、通称モラトリアム法。２００９年12月に施行されたこの法律が、謎を解くカギを握る。モラトリアム法は２００８年９月のリーマン危機を受け、当時の民主党政権下で成立した。

成立を主導したのは連立政権に参加した国民新党の党首で、金融担当相を務めていた亀井静香氏だった。モラトリアム法は中小企業の借金返済の猶予や金利減免を銀行に求めた内容だ。

法のポイントは銀行検査の指針である金融検査マニュアルにも例外規定を設けたことだ。「実現可能性の高い抜本的な経営再建計画」。経営不振に陥っている企業が融資条件の変更から1年以内に計画をつくると宣言すれば、金融機関は不良債権ではなく正常債権として扱い続けられるルールで、実抜《じつばつ》計画とも呼ばれる。

日本アイコムはこの例外的な規定で救済された会社のひとつだった。

時限立法としてつくられたモラトリアム法が2013年に終了したいまも、この例外規定は生き続けている。

広島県は亀井静香氏の地盤だ。自民党では閣僚や党政調会長を務め、派閥を率いた。自民党の小泉政権時代の2005年、総選挙（郵政解散）の争点になった郵政民営化に反対して離党。2009年の総選挙で国民新党を率いて、政権に返り咲いた。

民主党政権で金融相に就いた亀井氏が生み出したモラトリアム法の負の遺産が、いま地元の広島で呪縛のように顕在化し始めている。

JR広島駅からタクシーで10分ほどの場所にある広島市中区の繁華街「本通商店街」。原爆ドームや中国地方随一の繁華街である紙屋町や八丁堀にも近い、市内中心部の商店街に書店「廣文館」は本店を構える。

創業は1915（大正4）年で広島を中心に隣の岡山県や東京都内などに計15店を展開す

広島の老舗書店「廣文館」の破綻はアマゾンの登場などによる産業構造の変化を象徴している

る県内屈指の老舗書店だ。

いまも変わらず営業を続けているが、実は２０１８年11月19日、ひっそりと経営主体が交代した。

「廣文館」は屋号で同名異字の「広文館」が経営していたが、同日付けで出版取り次ぎ大手のトーハンがスポンサーとなって新会社「廣文館」を立ち上げ、経営を引き継いだ。

再建を進めるため、事業を継続する新会社と債務を引き継ぐ旧会社に会社を分割した。新会社の社長にはトーハン出身の石川二三久氏が就任し、不採算店舗の見直しなどに取り組み始めている。

２０１６年10月期には44億円の売上高を計上

していた広文館だが、17年10月期には35億円の赤字を出して債務超過状態に陥った。日本アイコムと同じく粉飾決算だったことが発覚した。広島銀行は戦後一貫して広文館のメインバンクを務めていた。

広島銀行は書籍の不良在庫を時価で評価すると実態は債務超過になるのではないかと懸念したものの、再生可能性を信じて、モラトリアム法の例外規定を使って正常債権に区分。新規の融資で経営支援を続け、2017年ごろから他の金融機関と再建策の協議に入っていた。

「BS（貸借対照表）ではなく、PL（損益計算書）に問題があった」。2018年12月、広島銀行の本店で、部谷《へや》俊雄頭取は日本経済新聞社のインタビューに応じた。広文館の破綻についてこんな認識を示し、銀行の資金繰り支援だけではもはや不振企業の経営支援が立ちゆかなくなっている実情を認めた。

広島銀行の2018年4～9月期の不良債権処理額は25億円と前年同期に比べて約3倍に膨らんだ。

「一般論」と断ったうえで、「世の中の環境変化がこれだけ激しくなり、需給バランスがこれから崩れていくなかで、供給サイドの企業がずっと伸びるということはない。残念ながら廃業はこれからも増える」。部谷頭取は不振企業について本音を吐露した。地方都市の人口減でマンション需要も減退し、アマゾン・ドット・コムや楽天といった仮想商店街の隆盛により消費構造も変化した――。

全国に広島銀行の日本アイコムや広文館のような例が増えている。モラトリアム法によって何とか延命してきた企業が、めまぐるしい経済環境の変化についていけず、突然に不良債権として地銀の経営を圧迫する。広島は氷山の一角にすぎない。

金融庁が極秘に試算した数字がある。

モラトリアム法で救済された後に実質的な債務超過を解消できず、業績も回復しない企業などを法律の施行前の基準で査定し直すと、経営破綻する可能性が高い「破綻懸念先」になる。こうした企業群への融資額は7000億～8000億円――。地方銀行、第二地方銀行を合わせた106行の破綻懸念先への債権は現在3兆円弱で2割以上も膨らむことになる。

信用調査会社の帝国データバンクによれば、モラトリアム法による借金返済の軽減策で救済された後に、倒産した企業は2017年に480社。前年比で16・2％増えた。負債総額

モラトリアム倒産は増えている

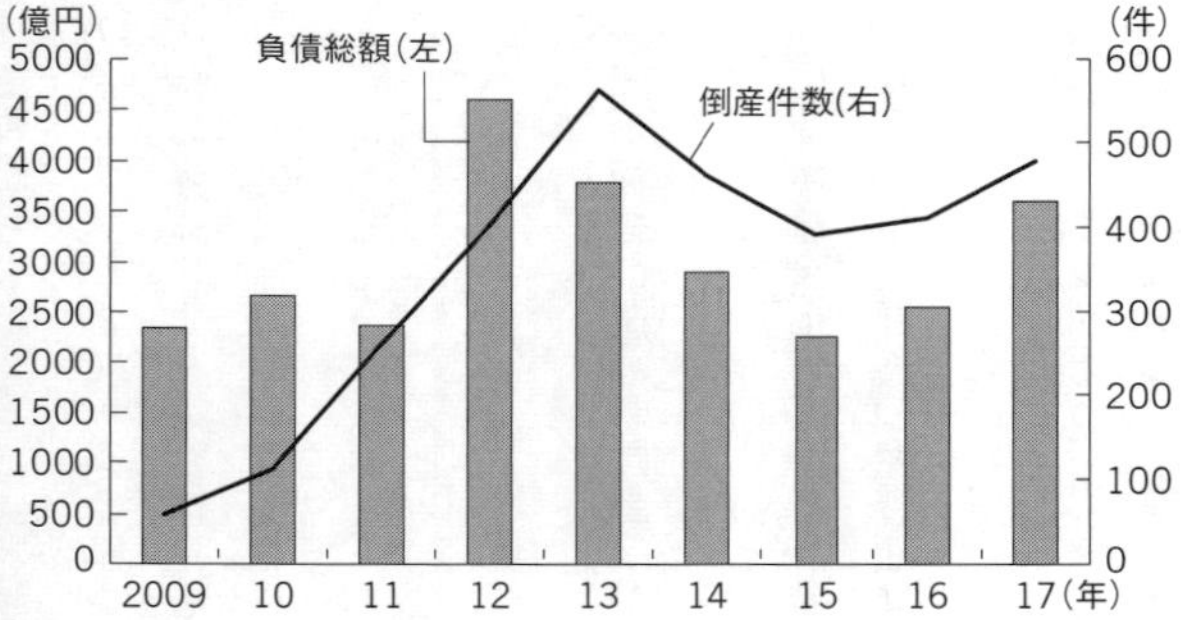

(出所) 帝国データバンク

は3585億7200万円に上り、41・3%上昇した。2018年の負債総額は公表されていないが、件数は428件だった。

上場する地銀80社・グループの不良債権処理額は2018年4〜9月期で1728億円となり、モラトリアム法倒産の影響で8年ぶりの高水準に増えた。

モラトリアム法は企業の連鎖倒産を防ぐ緊急措置としてつくられた。返済猶予で時間を稼いだ企業が息を吹き返せば、地域経済の回復につながるはずだった。

だが、銀行も企業も再建計画をよく吟味せずに、時間だけが過ぎた。企業の新陳代謝を阻む副作用も残り、金融のモラルハザード(倫理の欠如)を招いたとの批判も少なくない。

広島銀行の部谷頭取はインタビューで「業績が何らかの原因で悪くなったとしても、どう改善していくかというサポートをするのが地域金融機関の役目だ。悪くなったから『知りません』というわけにはいかない」とも話した。

産業構造の変化に翻弄される中小をいかに改善させるか、地方銀行は頭を悩ませている。歴史をひもとくと、モラトリアム法の成立前から横たわる、中小融資のあり方という根の深い問題が解消されていないことが浮かび上がる。

2 「竹中プラン」の宿題

「次は地方だ。根本から立て直さないとダメだ」。小泉政権の2002年9月、抜本的な不良債権処理の必要性を説いた竹中平蔵氏が金融担当相に就いた。竹中氏は10月、金融再生プログラムをまとめた直後に、こう語った。

金融危機にあえいだ大手銀行を立て直すための再生プログラムは、2004年度末までに貸出残高に占める不良債権の比率を半減させる目標を掲げた。資産査定の厳格化や自己資本の充実を迫る竹中路線に大手銀行は震え上がった。

一方、地域金融機関の不良債権処理について再生プログラムは「『リレーションシップバンキング』のあり方を検討した上で年度内をめどにアクションプログラムを策定する」と記した。

リレーションシップバンキング（地域密着型金融）とは、平たくいえば身近な顧客との長い付き合いを大切にする融資姿勢だ。企業との親密な付き合いの中から財務諸表だけでは得られない定性的な情報を手に入れ、質の高い金融サービスにつなげるための旗印になった。

要は大手銀行のように半ば強制的に抜本的な不良債権処理を進めるのではなく、地域金融は時間をかけて再生させる金融行政の意図を意味している。

大手銀行と異なる対応を取ったのは、地銀や信用組合の不良債権処理を急ぎすぎると、新規の融資に慎重になる貸し渋りや融資を強引に回収する貸しはがしが広がり、弱った地域経済に致命傷となりかねないと危惧したからだ。

地域の経済や雇用で中心的な役割を果たす企業まで廃業や清算に追い込まれれば混乱を招

くため、大手銀行とは異なる対応が必要だと判断した。

ただ、地域金融機関にとっては地元企業との密な付き合いは当たり前の行為だ。あえて当局が明文化したのは、大手銀行のような数値目標を突きつけない代わりに中小企業の再生と地域経済の活性化の役割を果たすために、時間をかけて「基本から見直せ」という宿題を突きつけたともいえた。

金融庁は再生プログラムに沿って、2003年3月に「リレーションシップバンキングの機能強化に関するアクションプログラム」を公表。2004年度末までを地域金融の集中改善期間と定め、各地域金融機関に「機能強化計画」を策定して、履行状況を定期的に公開することを求めた。

不振企業の再建のための産業再生機構の活用や、融資を出資に振り替える債務の株式化（デット・エクイティ・スワップ）、法的整理の過程で当面の事業資金を確保するつなぎ融資（DIPファイナンス）の強化も促した。地域金融の再生は軟着陸路線を志向した。

2003年11月、足利銀行が経営破綻した。政府は預金保険法に基づき、足利銀行の株式を強制的に買い取り、一時国有化に踏み切った。

竹中氏は地域金融機関の立て直しの必要性を内心では感じながらも、市場や政治の関心に火を付けることを警戒し、大手銀行に対するような強硬姿勢を封じてきたようだった。

足利銀行の国有化により、金融再生の焦点が大手銀行から地銀に移った。

地銀も時間が猶予されているわけではなく、取引先企業の再生に真剣に取り組まなければ、国有化という末路が待ち構えていることをはっきりと印象づけることになった。

リレーションシップバンキングの深化は竹中氏の退任以降も地域金融行政の看板となった。金融庁は2005年、金融担当相を竹中氏から引き継いだ伊藤達也氏のもとで新アクションプログラムを公表した。

事業再生や利用者の利便性向上、経営強化に向けた計画を自主的につくり、地域貢献度などの数値目標を設定し、公表するよう提言した。達成の努力を怠れば行政処分に踏み切る方針も示した。

アクションプログラムは一定の成果を残した。金融庁が2007年に公表した地銀など566機関のアクションプログラムの取り組みを見ると、例えば、2006年度の債務の株式化は256億円となり3年間で46%増えた。創業を支援する融資も742億円となり、4倍以上に増えた。

中小企業の再生に向けた取り組みは数値上で実績をあげ、地銀の不良債権比率も改善した。だが、企業や個人事業主へのアンケート調査では「事業再生への取り組み」や「担保・保証に過度に依存しない融資」については「消極的評価」がいずれも4割に達し、積極的評価を上回った。

融資商品や高度な金融手法は導入されても、緊密な接点から企業の生きた情報を得て、事業再生や融資に生かす取り組みはさほど進まなかった。

金融庁のミスもあった。

金融庁は2003年度から貸し渋り対策のひとつとして「スコアリング融資の活用」を挙げていた。スコアリング融資は企業の財務指標をコンピューターに入力し、貸し倒れの確率を示す信用リスクを自動的にはじき出したうえで融資の可否を審査するモデルだ。

スコアリングモデルを活用した融資残高は2006年度に566機関で2兆4425億円

も実行された。３年間でおよそ２・２倍に増えた。

金融庁は２００８年、東京都知事の石原慎太郎氏の肝煎りで発足した新銀行東京（現きらぼし銀行）が多額の不良債権を抱えたことで、スコアリングモデルの積極的な推奨を取りやめる。

新銀行東京はこのモデルを使って中小企業に無担保で融資し、多額の不良債権をつくった。東京都から４００億円の追加出資を受ける事態に陥った。

スコアリングモデルの推奨はリレーションシップバンキングの輪郭を曖昧にした。地銀は中長期的な視点で経営者の人柄や事業内容を見るのではなく、財務諸表という短期的な指標で融資先に向き合うようになってしまう。

中小企業には財務諸表が満足に整っていないところも少なくない。かつては地銀の担当者が融資時に財務内容を洗い出してかたちにする支援を惜しまなかった。

だが、１９９０年代の金融危機から不良債権処理の時代を経て、リストラや本部主導の業務の効率化が進んで顧客との接点は薄れた。「目利き力」を持った行員の数は減った。

銀行員は悪意をもって捏造された財務諸表を見抜けないばかりでなく、財務内容や担保に依存した姿勢に傾斜し、景気後退時に貸し渋りや貸しはがしに転じる下地が生まれた。

地域金融は竹中氏の宿題に答えぬまま、モラトリアム法に直面することになる。

3　亀井静香氏の誤算

「いまの金融は極めて異常で金融機関は反省しなければならない。中小零細企業など本当に必要なところに融資しているのか」。2009年9月16日、民主党政権で金融担当相に就いた亀井静香氏は就任時の記者会見でこうぶちまけた。

亀井氏は中小企業再生に対する銀行の関与が足りないと批判した

2008年秋のリーマン危機で企業倒産は急増していた。

「いまは黒字倒産が多い。頑張って黒字にしても『返せ』という金融機関の請求で仕事を続けられる意欲がなくなる状況を変えなければならない」。モラトリアム法には銀行界の反発はもちろん、与党内からも「徳政令みたいな話だ」と異論が噴出した。

だが、亀井氏は「（反対ならば）首相が私を更迭すればいい」と法案化に突き進んだ。

「金貸しはさ、貸した金を返してもらう。しかも、利息を付けて返してもらって商売は成り立つんだろうと、開口一番、怒鳴りつけたんだ」。法施行から10年近くが過ぎた2019年2月4日、亀井氏は東京・新宿区、四ツ谷の事務所で日本経済新聞社のインタビューに応じた。

2017年に国会議員を辞めた。いまは31年前に創業した警備会社ジェイ・エス・エスの会長を務めている。亀井氏自身が中小企業のオーナーだ。

亀井氏によると当時、全国銀行協会会長ら金融界の幹部が血相を変えて執務室を訪れたという。

「お前たちはさ、金貸すときにな、相手方が返せるかどうかばっかり審査するだろう。そうじゃなくてな、金を貸したら貸した企業がうまくいっているかどうかをずーっとフォローアップせにゃいかんのだぞ。貸した金を返せないなら商売する相手がいなくなるぞ、と言ったの」

モラトリアム法は２０１１年３月までの時限立法だったが、東日本大震災を挟んで11年と12年の二度延長した。

亀井氏はあくまで時限立法として、延長しない趣旨で制定したという。

「借金しても借金を返せない、そんな経済にするつもりはねー。そだろ?」

江戸時代のような徳政令で借金を帳消しにするつもりはなく、あくまで返済を一時猶予して企業の業績を回復させる時間を稼ぐのが狙いだった。

「現実は、なかなかそうはいかないから延長したの」

東日本大震災が起きたことで、中小企業対策は当時与党だった民主党から野党の自民党、共産党まで誰も反対しない「オール与党」の状況になった。

逆にいえば、延長しないといえば反対されるリスクもあった。

「（法制定時に）猛反対していた自民党がよ、党を挙げて『雇用に良いから延長してくれ』と、逆のことをいったんだ。『なぜ恒久法にしなかったのか』とバカな質問してきた奴もいたな」と語った。

モラトリアム法がモラルハザードを招いたとの批判に対しては「一部の大資本というか強者がいっているのであって、何も経済は強者のためにあるわけじゃないんでね」と意に介さない。

モラトリアム法の適用を受け、借金返済を猶予された企業は金融庁の推定で30万~40万社に上る。

いまも返済猶予を繰り返す企業や、倒産は免れても廃業を選択した企業も少なくない。

「当たり前だよ。やっぱし技術力・人間力、そういうの含めてね、光るタマでないとだめだろうな」

亀井氏の真意はこうだ。モラトリアム法はあくまで融資という「血液」を体にとどめる止血の措置であり、心臓や肝臓、腎臓といった体の根幹の機能が壊れてしまった後に輸血しても、銀行が企業を再生させることは難しい——。

モラトリアム法は痛みを和らげる麻酔のような効果も持つ。痛みが消えている間に根治療法できるかが銀行の腕の見せ所だ。

「中小企業だからって国が保護してくれるって、そんなんじゃないよな。それじゃ生活保護の世界になっちゃう」

銀行が中小企業の再生に本気で取り組めたかどうかは疑問が残る。

「中小企業白書」によると、中小企業の１人あたり付加価値額（労働生産性）は２０１６年度末で製造業・非製造業ともに約５５０万円。１９９０年代末の金融危機や２００８年のリーマン危機前後と比べてもほぼ横ばいの状態が続いて、収益力は上向いていない。

一方、大企業は製造業・非製造業ともおよそ１３２０万円で、２００９年度から2~3割も上昇している。

亀井氏の真意は別にして、モラトリアム法には中小企業の経営改革を後押しする仕組みがなかった。

リーマン危機直後の２００８年10月末に始まった緊急保証制度も、企業再生に対する銀行の意欲を弱めた。

緊急保証は通常の８割保証ではなく融資の全額（1社あたり2億８０００万円が上限）を10年間保証した。業績を向上させて借金を返すという借り手の規律も薄れ、本来は退場すべきゾンビ企業を延命させた面は否めない。

100年に一度の経済・金融危機を大義名分にした政府の支援策を受け、リスクを負わない融資を繰り返すことで銀行の審査力も弱まった。企業の構造改革も阻んだ。


これまでモラトリアム倒産が大きな社会問題にならずに済んできたのは理由がある。そのひとつは日銀が2016年2月に導入したマイナス金利政策の影響だ。

日本経済新聞社は2019年1月、大手銀行などが共同出資する信用データベース会社の日本リスク・データ・バンク（RDB、東京・港区）に、銀行が正常債権（正常先と、その他要注意先）に区分する企業で、貸出金利が上昇した場合に赤字比率がどれくらい増えるか試算を依頼した。

対象は同社の会員であるメガ銀行と地銀、第二地銀の計70行の正常債権。

2018年3月期で約6万3000社ある。そのうち最終損益が赤字だった企業は23％だった。ところが貸出金利が1％上昇したと仮定して推計すると赤字率は37％に上昇するという結果が出た。

貸出金利が1%上がると
赤字企業はリーマン危機後並みに

		黒字	赤字
2008年度	正常先	79%	21%
	要注意先	55%	45%
2010年度	正常先	68%	32%
	要注意先	43%	57%
2017年度	正常先	81%→68%	**19%→32%**
	要注意先	60%→40%	**40%→60%**

（注）日本リスク・データ・バンクの試算を基に作成

正常先では19%から32%、その他要注意先では40%から60%に上昇。いずれもリーマン危機と東日本大震災の後の２０１１年３月末と同じ水準となった。

試算によれば「その他要注意先」の実勢金利は２０１８年３月末で約２・１%。２０１１年３月期末（２・５%）よりも低い。

貸出金利の低下を通じて地銀の収益力を奪い苦しめるマイナス金利政策が、皮肉にも地域経済の命脈を延ばしている実態が浮き彫りになった。

日銀によると２０１８年末の中小企業向け貸出金残高は約３５０兆円。安倍政権下でアベノミクスが始まった２０１２年末から２割弱も増えた。

一方、銀行の本業のもうけである業務純益（地方銀行64行の単体合計）は、２０１８年３月期で９４６３億円となり、08年のリーマン危機直前と比べて約３割も減っている。

海外に活路を求められるメガ銀行と比べて、地銀は基本的には国内で融資先を見つけるしかない。

目利き力を養う機会を失ったまま、経営不振企業の抜本的な治療を施すすべを見いだせず、カネ余りで運用難に苦しみ低金利競争に明け暮れる。一部では過度なリスクに走る銀行も目立ち始めた。

「社長の個人貸し付け分も丸ごと融資しますよ」。関東のある地方銀行は、中小企業の社長にこう持ちかけた。

この会社は他行から信用保証協会の保証付き融資を借り入れ、社長も自社に貸し付けていた。

これらを銀行が貸し倒れリスクを負う通常の融資で借り換えてもらうという提案だ。借りる企業は信用保証料の負担がなくなるため、低利の融資ならこうした取引が成り立つ。

関東の別の地銀は、信用金庫への返済が３カ月滞っていた中小企業に借り換えで融資した。一般的には「要管理先」として不良債権になるはずだが、借り換えは正常債権として扱う。

融資は本来、信用力の低い企業には高い金利で貸し、リスクの低い企業には低い金利で貸

貸し出し条件緩和債権が多い地銀20行

1	スルガ銀行	732
2	福岡銀行	407
3	鹿児島銀行	397
4	千葉銀行	370
5	群馬銀行	355
6	西日本シティ銀行	294
7	七十七銀行	270
8	百十四銀行	232
9	武蔵野銀行	218
10	常陽銀行	192
11	八十二銀行	185
12	足利銀行	166
13	中国銀行	165
14	伊予銀行	160
15	広島銀行	147
16	十八銀行	144
17	大垣共立銀行	140
18	滋賀銀行	137
19	山陰合同銀行	131
20	静岡銀行	110
	64行計	6,820

（注）単位億円。2018年4〜9月期。全国地方銀行協会の資料を基に作成。億円未満は切り捨て

すのが原則だ。

ところが優良な企業は営業エリアを越えた融資競争で奪い合いが激しくなり、弱い企業にも低利で貸さざるを得ない状況に陥った。お金を値付けする金利の論理が崩壊しつつある。

「金融機関がちゃんと中小企業を育てて、腰の強い企業にしなかったから。おかげでいま金融機関自身が困ってるんだよ」

亀井氏は抜本的な改革に取り組まなかった金融界をこう突き放した。

足元では融資の焦げ付きがにわかに上昇している。ＲＤＢの取引先70行の融資先のうち、２０１８年12月に返済が滞った企業の比率を示すデフォルト率は１・１３％で、７カ月連続で上昇した。リーマン危機後のピークだった２００９年3月の３・３４％に比べると低いが、７カ月連続の上昇はこの09年3月以来となる。

マネックス証券によれば、全国の銀行の総与信額に対する不良債権の引当率は２０１８年3月時点で０・２７％。不良債権の開示が始まってから最低水準が続く。

日銀が金融緩和の「出口」に動き出す可能性は当面小さい。だが、米中貿易戦争などを引き金に景気が後退局面に入れば、潜在リスクが爆発するマグマはたまりつつあるようだ。

4 検査マニュアルの功罪

2014年秋、金融庁の遠藤俊英検査局長はある融資形態を調べていた。「短コロ」。短期転がしの略で、契約期間が半年から1年以内の融資の契約更新を繰り返す形態を指していた。金融庁が不良債権の処理に明け暮れていた2002年、検査マニュアルで事実上禁止した。

遠藤氏はこの融資を何とか復活させたかった。そのためには検査マニュアルを改訂し、過去の失政を認めないといけなくなる。

そうまでして復活させたかったのは、モラトリアム法を単なるモラルハザードに陥らせないためのツールに使えると映ったからだ。

2015年1月、遠藤氏は庁内の反対を押し切って、検査マニュアルを改訂した。短コロの最大の特徴は「疑似資本」とされる点にある。

企業は借金の元本を返済せず利払いだけで済む。株主に配当を払う株式発行による資金調達と実質的に同じ構図となる。投資的融資ともいえ、銀行は基本、無担保・無保証で貸し付ける。

企業にとっては恩恵ばかりが目立つが、これを成り立たせている前提条件は銀行の厳しい審査だ。しかも半年、1年ごとに契約を更新するので、融資先の業況を細かく見ておく必要がある。

銀行員が怠ければ業況悪化を見逃し、不良債権化のリスクを負うが、まじめに企業と向き合えば、融資残高も維持でき利払いも確保できる、一石二鳥の融資手法だった。

戦後の高度成長を支えてきた中小企業。それを支えていたのが、短コロを使った銀行融資といっても過言ではない。

1997年に200兆円を超えていた短コロは、検査マニュアルによって突然禁止され、2014年には82兆円まで減ってしまっていた。

企業からすれば借り換えに応じてくれると疑っていなかった銀行が突然手のひらを返したように映った。

銀行からすれば、検査で不良債権と認定されれば貸倒引当金を積む必要に迫られ、融資を引きあげるしかなくなる。貸しはがしだと批判されやすかった。

その結果、企業も長期の借り入れに動き、元利金を返済した。短コロはいつの間にか忘れられた存在になっていた。

金融庁の前身である金融監督庁は１９９９年、検査官の手引書である「金融検査マニュアル」をつくった。

「危ない融資から手を引け」。不良債権を処理するためにこんな号令をかけ、銀行界に横串をさした基準で自己査定を求めた。

銀行員のバイブルと称され、絶大な影響力を誇った金融検査マニュアル。銀行と企業の親密な関係を「しがらみ」とみて、断ち切ってきた歴史がある。

金融庁は安倍政権下の２０１３年、期限終了を迎えたモラトリアム法の例外規定を残し、「精神を引き継ぐ」と宣言した。

日本中に根を張るゾンビ企業がモラトリアム法の負の遺産だとすれば、正の遺産は銀行と企業の親密な関係を復元する原動力となり始めたところにある。

企業や事業を育成するうえで、モラトリアム法が埋め込んだ視点はやっかいだ。数値の目安が存在しない中で多様性を認め、地域差や銀行差をきめ細かく見ないといけない。

金融庁が2019年度に検査マニュアルを廃止するのは、銀行の健全性と企業・事業の育成を両立するために導き出した苦肉の回答ともいえる。画一的なルールがなくなれば、銀行は受け身の姿勢を捨て、自ら経営スタイルを模索するしかない。

ただ、スルガ銀行のように野放図な融資に走る落とし穴も捨てきれない。

金融検査マニュアルがつくられた当時、金融再生委員会の委員長を務めた柳沢伯夫氏は2018年11月、日本経済新聞社のインタビューに対し「金融だけでみていると本当にうまくいくかどうか分からない。（破綻した百貨店の）そごうの時につくづく思った」と語り、金融と産業の一体再生の必要性を痛感したと語った。

金融機関の本来の業務は資金の余剰者と不足者を仲介し、信用創造することだ。

この仕組みを成り立たせるために、借り手としてふさわしい相手を審査し、適正な金利を付けて収益に結びつけていた。

ただ、産業構造の変化や地域経済の疲弊で、地銀は旧来型の基準で良い融資先を見つけるだけでは生きていけなくなってきたし、そもそも良質な企業が減っている。

「銀行の収益は企業にとっては営業外費用なので、企業が営業利益でもうけない限り高い金利は払えない。産業との一体改革で日本経済の収益性を上げないと銀行ももうからない」

銀行業界を30年来、分析してきた三菱ＵＦＪモルガン・スタンレー証券の笹島勝人シニアアナリストはこう語る。

取引先に構造改革を促し、稼ぐ力を育てていく――。地銀のあるべき姿が２０００年代初頭に提示されてから長い年月がたつが、いまだ完遂されてはいない。平成が残した重い宿題は、地銀ののど元に突き刺さったままだ。

第5章

抱えた「不良債券」爆弾

昨今の地銀の有価証券運用は、まるでいつか火を噴く時限爆弾を抱えているようだ。のんべんだらりと国債を保有しているだけで利益を確保できていた時代が終わり、新たなリスクを取らないとリターン（利回り）を確保できなくなった。

だが、工夫を凝らした運用はこれまであまり必要でなく、精通した人材は十分育っていない。現場では手探りが続いている。

２０１２年に安倍政権の経済政策が本格的に始動してから、日米ともに歴史的に長期の景気回復局面に入り、円相場も株式市場も安定してきた。強い追い風に地銀も安住してしまった感がある。

世界経済や市場に逆風が吹いたとき、いったい何が起きるのか。

1　お宝債券が大量償還

まず地銀の運用環境を確認してみる。

日本国債の新発10年物利回りはこの10年間、低下傾向を続けてきた。10年前の２００９年は１・２～１・５％で推移していたが、12年ごろには継続的に１％を割り込むようになった。

日銀が異次元緩和に乗り出した２０１３年４月以降は、さらに金利低下が加速。日銀は２０１６年２月にマイナス金利政策、16年９月には「長短金利操作」を導入し、長期金利は０％程度に誘導されるようになった。

地銀にとって、日銀の異次元緩和前に購入した日本国債はいまや高金利の「お宝債券」だ。だが、これらの国債は大量償還期を迎えている。

野村証券が地銀１０５行を対象に分析したところ、２０１９年３月期に償還した国債は約４兆３０００億円にのぼる。

日銀の異次元緩和が始まる前の２０１３年３月期より３割ほど増える見通しだ。仮に償還された資金を再投資に回さない場合、利息収入は10年以内に２０００億円ほど減る計算になる。

「利息の減り方が急な地銀ほど利益の悪化が進みやすい」（小清水直和シニア金利ストラテジスト）

「投資先を探すのに一苦労ですよ……」。中部地方を拠点とする有力地銀の運用担当者は悩ましげな表情だった。

この地銀では2019年3月期に償還を迎える日本国債が約500億円もある。持っていた高利回りのお宝債券が消え、次の投資先を探すが、期待利回りを維持できるだけの運用商品は見当たらない。

JPモルガン証券によると、この2年間で国内外の債券含み益は3分の1に減り、2018年3月期は8500億円まで減った。お宝債券を売却していれば損益計算書の見栄えが良くなるが、含み益が尽きてしまえば手詰まりになる。地銀の運用助言を手がける和《なごみ》キャピタルの小栗直登社長は「機動的に売買する運用体制を構築すべきだ」と警鐘をならしている。

日本国債の代わりに地銀がまず目を向けたのが米国債を中心とする外債だ。

だが、2018年はたびたび米長期金利の上昇（債券価格は低下）が地銀を苦しめる結果となった。

上場地銀80行・グループによる２０１８年４～６月期の債券売買の赤字額は前年同期比で8倍に急増。金融庁は２０１９年３期決算から新しい規制を導入して「不良債券」の処理を促し始めた。

常陽銀行と足利銀行を傘下に置くめぶきフィナンシャルグループ（ＦＧ）は65億円、山陰合同銀行は37億円――。

２０１８年４～６月期決算で「国債等関係損益」の項目に計上した損失額が大きい地銀の上位には、体力に余裕のある有力銀行が並んだ。

めぶきＦＧは米金利の上昇やドル調達コストの上昇で投資効率が悪化した米国債を損失覚悟で売却し、資金の一部を欧州の国債などに振り向けた。

地銀の不良債券処理に注目が集まったのは、２０１６年４～12月期に米国債などで２５０億円の売却損を出した静岡銀行がきっかけだ。

その後、池田泉州ホールディングスも２０１７年４～６月期に１３１億円の損失を計上。２０１９年３月期に入り、少しずつながら他行も処理を始めた。

上場する地銀は2018年4~6月期の連結純利益の合計が3664億円となり、前年同期比で2割増えた。一見すると好決算に映るが、中身を詳しく見ると全く好調ではなかった。

経営統合した三重県地盤の三十三FGや近畿地方の関西みらいFGは負ののれん代を計上した。こうした特殊要因を除くと、一転して前年同期比で13%の減益だった。

本業の融資から稼ぐ資金収益の減少が主因だが、ここにきて国債等債券損益が重くのしかかる。2018年4~6月期の同損益は250億円の赤字で、前年同期の8倍に膨らんだ。

通期決算でも2018年3月期まで2期連続赤字。しかも赤字額は1213億円と、リーマン危機時の2009年3月期（6768億円）以来の規模になった。

各行がこのタイミングで債券売買損失を出したのは、早い段階で損切りをしたためだ。

金融庁が問題視するのは、目先の利益を求めて過度にリスクを抱えたり、明確な相場見通しを持たずに将来の損失拡大につながる含み損の拡大を放置したりしているような事例。「お宝」であるはずの日本国債も、市場が急変動を起こせばリスク要因になる。

地銀の有価証券保有残高は減少に

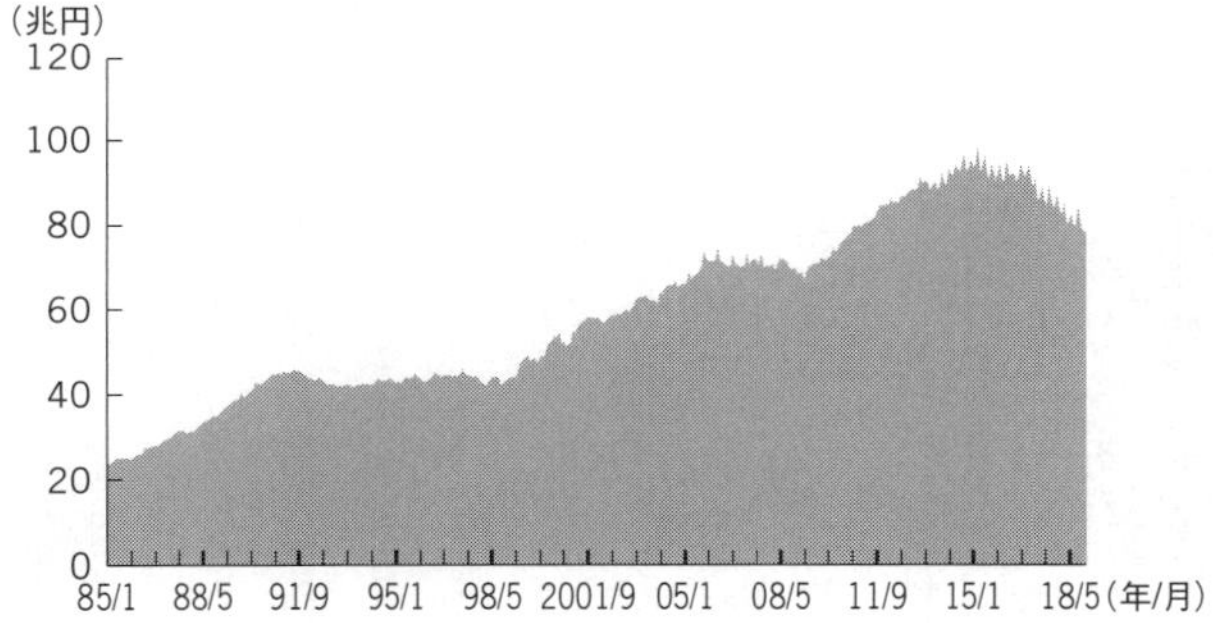

（出所）日銀

金利が上昇した場合のリスク量について金融庁の調査で判明したのは、地銀がメガバンクなど大手銀行の3倍を超える深刻な実態だった。

国内外ともに2018年3月末時点から金利が0・5％上昇すると4分の1超、1％の上昇で半分以上の地銀で、年間の本業利益（コア業務純益）を上回る含み損が発生すると試算した。

結果として、地銀は国債を中心に有価証券の保有量を急速に減らしている。

日銀によると地銀（64行）による有価証券の保有残高は2018年5月時点で66兆円超。このうち日本国債は31％の約20兆5千億円、米国債など外国証券も13％強の9兆円弱に上る。マイナス金利政策が始まった2016年2月と比べ、日本国債は3割減らした。外国証券は2割の削減にとどまった。

地銀が危機感を強めているのは金利の先行き不透明感だ。マイナス金利の付いた日本国債から逃避した資金の受け皿となった米国債。米長期金利は2016年半ばの1・5％から3％近くまで約2倍に上昇し、多額の含み損が発生した。2018年10月には一時、3％を上回った。

先が読みにくいのは、世界的に債券市場が官製化しているためだ。2008年のリーマン危機後に日米欧の中銀がバランスシートを拡大する量的緩和を実施した結果、各国の国債を大量に保有する中銀がどちらに動くのかという臆測だけで金利が振れやすくなった。

日銀は保有残高の増加分を「年80兆円をメド」としながら、実際には40兆円以下に減らす「ステルス・テーパリング（隠れた緩和縮小）」を実施。米国債市場に日本の機関投資家の資金も少なからず流入しているなかで日本の金融調節方針が曖昧さを増していることも、市場の思惑を呼びやすい土壌となっている。

さらに米連邦準備制度理事会（ＦＲＢ）のパウエル議長の揺れる発言に市場は一喜一憂

地銀の外債保有残高は、
トランプ・ショック後も高水準

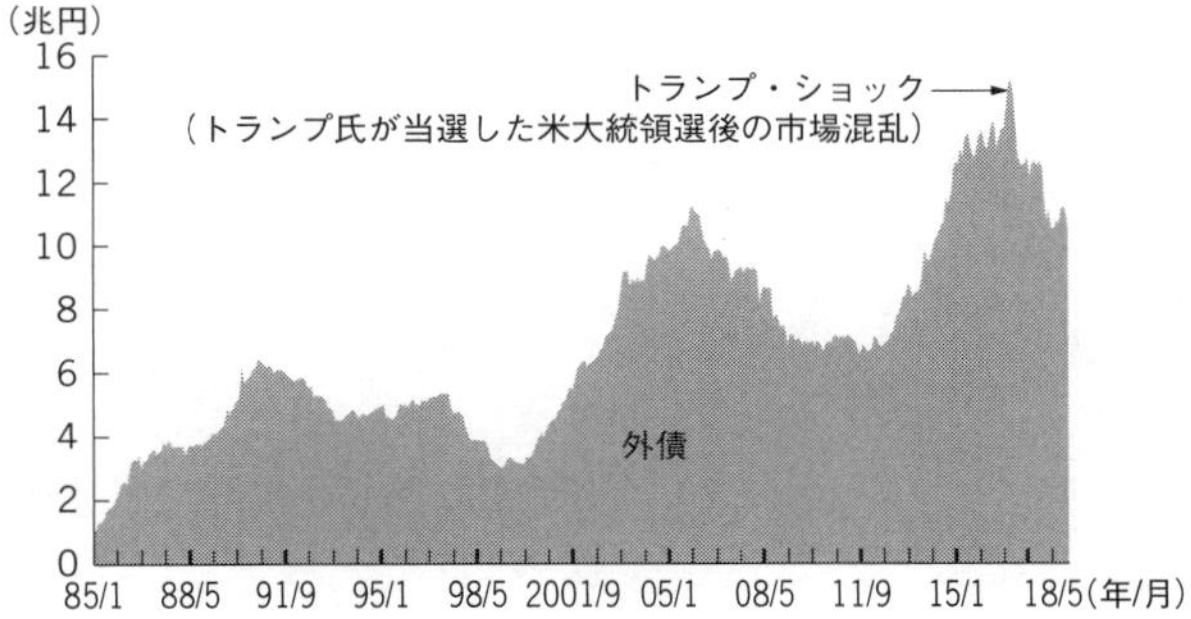

（出所）日銀

し、米金利の変動を生んでいる。

２０１９年初めには「利上げに忍耐強くなる」と発言。引き締めに積極的なタカ派とされていたパウエル氏が利上げに慎重なハト派に転じたとの見方も強まった。

１月29～30日に開かれた米連邦公開市場委員会（ＦＯＭＣ）では保有資産を縮小する「量的引き締め」について、すべての参加者が「２０１９年中に終了する」と認識していることが判明した。

市場の予想を大幅に上回る早さに、ハト派観測が一段と強まる結果となった。ＦＲＢのハト派転換はいまのところ、米金利を下げる方向に作用している。

金融緩和が続く限り、投資家は米国債を買い続け、価格は下支えされる。金利上昇は限定的になる。

だが、市場の思惑を中心とした買いだけに、いつ金利上昇に転じるか分からない。いずれにせよ、先が見えない中で債券市場は振れ幅が大きくなりやすいままだ。

債券は満期まで保有すれば元本が償還される。ただし外債は投資に伴って外貨を調達する必要があり、「この調達コストを加味すると逆ざやになっている例も少なくない」（金融庁幹部）。体力があるうちにこまめに損切りして、少しでも投資効率の高い投資に振り向けたいという心理が働いている。

もうひとつ、地銀が債券を売り急ぐ背景には金融庁が導入した新しい規制もある。金利変動のリスクを厳しく測定するもので、2019年3月期から規制対象をすべての銀行に広げた。

金利変動時に想定される損失が自己資本の20％を超えた地銀に対して金融庁がテストを実施し、債券の売却を実質的に促す内容だ。この新規制の導入を見越して売却に動いている地銀もあるとみられる。

「2018年9月中間期は要注目だった」。ある銀行関係者はこう警戒していた。日銀は2018年7月末、長期金利の上昇を一定程度容認する政策修正を決めた。地銀による日本国債の保有額は外国債券の2倍以上の20兆円を超えており「インパクトは外債の比ではない」（地銀関係者）。

実際には金利上昇は限定的にとどまったが、市場関係者は肝を冷やした。

外債と日本国債のダブルで不良債券化のリスクが高まるなかで、JPモルガン証券は2020年度に地銀の1割にあたる約10行が経常赤字に陥ると試算した。金利上昇で運用の損失リスクが高まれば「赤字予備軍は40行程度まで増える」（西原里江シニアアナリスト）という。

2019年3月期の純利益見通しを41億円から5億円に下方修正した栃木銀行。その理由は外債の損切りだった。米国の長期金利が上昇した2018年9月、同行は固定金利の米国債をすべて売却した。だが、これはまだ良い方だ。

問題は含み損の拡大・蓄積により、だんだんと身動きがとれなくなってくる点にある。横浜銀行を傘下に抱える地銀首位のコンコルディア・フィナンシャルグループも2019

年3月期の通期見通しで純利益を100億円も下方修正した。

含み損の拡大により市場部門の積極的な売買が制限されたためだ。機動的な売買こそ必要なのに実態は逆に向かう。厳しくなるばかりの運用環境。安易な逃げ場を探して、地銀は困難な道に迷い込もうとしている。

2 リスク運用に突き進む東京支店

運用難に悩む地銀担当者のところには、さまざまな方面から声がかかる。そのひとつがメガ銀行主導のシンジケート・ローン（シ・ローン、協調融資）だ。

単独で外貨建ての融資に乗り出せる地銀は限られている。英語の契約書や財務関連書類を詳細に読み解くのは、相当なノウハウが必要だからだ。

だがメガ銀行がみずから融資をしている案件に相乗りする形なら安心だ。まして複数の地銀が一緒なら……。シ・ローンに乗り出す地銀には、こんな弱い心理が垣間見える。

2018年夏、あるメガ銀行が融資500億円を複数の地銀に売り出そうと打診した。融資先には伝えない「サイレント譲渡」と呼ばれる貸出債権のバラ売りだ。打診と前後して、この融資先は海外の投資家が環境保護の観点で懸念ありとして株式の保有をやめた「ダイベストメント」の対象となり、話題を集めた。

ある地銀の担当者は「リスクを落としたいメガ銀行の意図を感じた」と複雑な表情だった。メガ銀行が組成する外貨建ての協調融資も多くの地銀は中身を精査しないまま参加している。

海外企業にとっては、豊富な資金量を抱えた機関投資家が多く、なおかつマイナス金利の日本は絶好の資金調達先だ。

2018年6月、東京・中央区、日本橋室町の高級ホテル「マンダリンオリエンタル東京」。

オランダの石油商社、ビトルが資金を調達するために開いた事業・財務説明会には、50近い金融機関の関係者が参加した。

豪華な料理や飲み物を用意した懇親会もセットになった会で、ビトルの財務担当者は「うちは優良企業です」と誇った。同じ6月には、豪空港運営会社やオセアニアの電力会社なども同様の会を開いた。

「少し前にはなかった豪華さだった」とある地方銀行の幹部は語った。

主な地銀の先兵となっているのは、東京支店・事務所だ。

バブル期には不動産融資を一手に担ったが、いまは外貨建て融資にもまい進している。百五銀行の東京営業部は、外貨融資を1400億円とし、この3年で2倍に増やした。体制は17人のままで、1人あたりの貸出額は地銀で最大だ。

山口銀行も30人弱で外貨融資を2200億円と2倍に増やした。厳しい運用環境下で、外貨建て融資は稼ぎ頭のひとつ。地銀全体の東京拠点では1・6兆円と3年で3割増えた。

「本部は実態をどこまで把握しているのか」。ある地銀の東京拠点で働く社員は2018年6月、危うい状況に声を潜めた。

海外企業の中には信用度を裏付ける格付けを持たない企業も多い。1行で数十億円を融資する地銀もあり、1社が焦げ付くだけで経営に響く「時限爆弾」だ。

「不採算な都市部融資の代替策」。国内で過度な金利競争に苦しむ中国銀行は、外貨融資に力を入れた。２０１７年度の外貨融資残高は１０００億円増の３６００億円と過去最高を記録した。

ところが同年度は資金利益が逆に15億円減った。外貨の調達コストの上昇が多くの利益を吹き飛ばした。市場動向に振り回されやすいのに、追随する地銀が後を絶たない。

金融庁は「危うさを指摘したのに同じことを繰り返す」といら立つが、有力地銀の幹部はこう反論した。

「国債運用と地域融資という収益源を失った。リスクを取らなければ生きていけない」

「決して地銀に『クズ商品』を売りつけるようなマネはしていない」。メガ銀行の企画幹部はいう。

このメガ銀行内部では「なぜ、あんな優良案件を地銀に売ったのか」という批判まで起きたほどだ。メガ銀行が決算を締める直前の2～3月は最終利益を抑えたい場合もある。益出しならぬ「損出し」で貸出債権を安値で売却処理する例もある。

例えば、海外融資を急拡大させてきた三菱ＵＦＪフィナンシャル・グループでは、融資のリスクを自らのバランスシートですべて受けるのではなく、組成と分離（売却）を進めるＯ＆Ｄ（オリジネーション＆ディストリビューション）を数年前から経営戦略として打ち出している。

メガ銀行にとって優良な貸出債権を地銀に売るのは不自然なことではない。

そうであれば、メガ銀行が情報をきちんと開示している限り、やはり問題は地銀側にあるといわざるを得ない。

ある西日本の地銀の東京支店関係者は「十分にリスク管理ができていないまま参加している地銀は少なくない」と断言した。

融資を組成した段階では理にかなった融資契約だったとしても、環境が急変した場合にどうするか判断できるのか。そもそも「メガ銀行も参加している」というのも本来は安心材料にはならない。

メガ銀行は利回りだけでなく、シ・ローンを組成した際のアレンジ手数料を含めて損益を計算しているためだ。

「米国の銀行が関わらないシ・ローンが増えている」。同じ西日本の地銀の東京支店幹部はこんな不安を漏らした。

シ・ローンのアレンジ手数料でみると、メガ銀行は近年、世界的にみてもトップクラスに入ってきた。

だが、そのシ・ローンに加わった金融機関のリストをみると、リスクに敏感な米銀の姿がない案件が増えているという。メガ銀行はシ・ローンを組成しても、実際の貸し倒れリスクの大半は地銀が引き受ける。

メガ銀行に悪意はなかったとしても、その安心感がリスクとリターンのバランスが崩れるほうに作用するのではないか。この幹部の不安感は解消されないままだ。

3　拡大する決算「装飾」

国債、外債、シ・ローン……。地銀のリスクマネーはさらに先へと進む。

近年は私募投信やデリバティブ（金融派生商品）の保有も急拡大している。その背後には、「苦しい中でも少しでも損益計算書を良く見せたい」という思惑がある。「頭取が喜ぶ」「行内で決済が通りやすい」。粉飾ならぬ決算「装飾」の動機はさまざまだ。

私募投信をめぐる地銀の存在感は突出している。地銀が持つ投信残高は2018年8月に11兆円を突破。この4年で3倍に膨れ、大手銀行を大きく上回る。とりわけ2014年に日銀が量的・質的金融緩和を拡大してからの伸びが著しい。2014年末に比べ地銀の残高は2・2倍、伸び率でメガバンク（6割増）を大きく上回る。その大半が私募投信とみられる。

「直接投資しづらい商品は私募投信を使っている」。西日本のある地銀の運用担当者はこう話す。株式の買いと売りを組み合わせるロングショート戦略や、世界の株式や債券に分散投資するタイプの私募投信を保有する。

私募投信はどの金融資産を組み入れているか、外部からは見えにくい。

従来は安全資産とされる米国の債券が中心だったが、米金利上昇によるドルの調達コスト高が打撃となった。複数の関係者によると最近は、国内外の株式などリスク資産を組み入れる投信の比重が高まっているようだ。

ある関東の地銀幹部は「私募投信以外に残高を積めるところがない」と打ち明けた。昨年好調だった日本株は上値が重く、投資しづらい。金利上昇（債券価格は下落）懸念が高まるなかで、外債への直接運用には金融庁が厳しい視線を送る。

こうしたなかで、一部の私募投信に資金が殺到している。

例えば、私募不動産投資信託（ＲＥＩＴ）は利回りが４％前後ある。「地銀を含めて投資家層が広がっている」（ＳＭＢＣ日興証券の浅見祐之氏）。北欧の住宅ローン債権を裏付けとした「カバード債券」で運用するファンドも人気だ。

私募投信の運用を拡大する金融機関には、もうひとつの大きな動機がある。株や債券の直接保有では得られない会計上のメリットだ。

私募投信は会計上、「その他有価証券」に分類されることが多い。期中の価格変動で含み損益が発生しても決算時の損益に計上する必要はない。

一方で投信を持つことで得られる毎期の分配金や、投信の売却益は本業のもうけである「コア業務純益」に計上できる。

大手地銀の幹部は「決算の見栄えを良くするためにも私募投信は使い勝手がいい」と本音を吐露する。

マネックス証券の大槻奈那氏も私募投信の膨張について、「本業のもうけをよく見せる」動機が大きいという。貸し出しの利ざやが低迷するなかで、本業の収益を支える役割を担っているという見立てだ。

金融当局は地銀の経営上のリスクを高めているのではないかとの見方を強めている。日銀は2018年度の考査方針で、多くの金融機関で「リスクの複雑な外国証券や投資信託の投資を積極化している」と指摘。「リスクテイクの積極化にもかかわらず、管理体制の見直しが実施されていない事例が見受けられる」と言及した。

金融庁も2018年7月に公表した地銀運用に関する中間報告書で「複雑な投信の内容・リスクを把握していない」と厳しい認識を示した。

通常の株式と比べて私募投信は解約が制限される例も多い。売りたいときにすぐ売れない。リスクは格段に高い。

「地域金融機関は投信を積み増す形で積極的にリスクを取り、海外金利や株式のほか不動産や為替など多様な市場リスクを抱えるようになっている」。日銀は２０１８年10月の金融システムリポートでも警鐘を鳴らしている。

「ウチにも教えてもらえませんか」。関東地方にある地方銀行の運用担当者がこんな会話を交わしていた。話題は「リパッケージローン」と呼ばれる金融派生商品（デリバティブ）だ。地銀でひそかに広がっているのは理由がある。

表面的には一定の利回りを手にできる金融商品。その中身は特定の企業や事業の破綻に備えたデリバティブなのだが、地銀はそこに融資する形をとる。

複雑な金融商品が姿を変え、会計上は融資が増える構図だ。「マイナス金利で何をやっても苦しい状況。決算の見栄えが良くなると頭取が喜ぶんだよ」。運用担当者は内幕をこう明かした。

地銀の融資残高が増えると、それだけ地方経済にリスクマネーが供給されているという錯覚が生まれる。だが実際にはこうした「みせかけの融資」が紛れ込んでいる。こうした金融商品は転売が難しい。地銀は流動性リスクも背負い込んでいる。

最も怖いのは運用商品の中身がよく分からない例だ。

最近では低格付けの企業への融資をまとめたローン担保証券（CLO）と呼ぶ証券化商品が急増しており、地銀も食指を動かしている。

投資適格ではない米国の企業向けローン（レバレッジドローン）を束ね、それを信用力の高い証券と低い証券に分離する手法だ。裏付けになっているのはシングルBの企業群なのに、証券の一部は最高位のトリプルAになる。そこを買えば、高格付けで高い利回りの商品を買えるという仕組みだ。

最大市場の米国では2018年の残高が6100億ドル超とリーマン危機が起きた2008年の2倍になった。

米国の証券化市場は2018年に1・6兆ドルと、ピークの07年の85％程度。リーマン危機の火種になった信用力の低い低所得者らへの住宅ローン（サブプライムローン）を組み込んだ債務担保証券や仕組み融資はピークの2～3割に減ったが、ＣＬＯの残高は増え続けている。

ＣＬＯはかつてリーマン危機時に問題になったＣＤＯ（債務担保証券）をほうふつとさせる存在だ。

当時は住宅ローン債権が証券化され、そこから優先順位をつけたＣＤＯを組成することで、投資銀行は低格付けの住宅ローンからトリプルＡの証券を生み出した。

住宅ローンが急速に不良債権化したことで、格付けのトリックに誤りがあったことが後になって判明した。それが投資家の心理を急速に冷やし、金融市場が大収縮を起こす要因になった。

リーマン危機時、邦銀勢はＣＤＯにほとんど手を出していなかった。だが、いまやＣＬＯは高利回りを求める日本の銀行も保有を増やしている。

大手銀行など国内金融機関の証券化商品の保有残高は２０１８年９月末で34兆２８７０億円と、５年３カ月ぶりの高水準に膨らんだ。

米国のレバレッジドローンを裏付けとしたＣＬＯが押し上げているとみられる。いまのところ増やしているのは一部のメガバンクや農林中央金庫などが中心だ。だが大手は資産を厳しく選別し、組み込まれた米企業のリスクを分析している。

組成されたＣＬＯのトリプルＡ部分を丸ごと買えば、運用責任者に対して投資先の企業について指図をすることもできる。

問題は地銀などが複数で１つのＣＬＯを購入する例。購入する地銀は投資方針で具体的に口を出す知見がないうえに、売却が難しいというリスクも背負い込むことになる。リスクを判別できないまま利回り重視で手を出している地銀もあるという。

金融庁はリーマン危機の発端になった証券化によるリスクの拡散を警戒し、２０１９年３月末から国内の銀行や信用金庫などの金融機関を対象に、証券化商品の保有に新たな規制を導入した。

発行元が総額の5％以上を自ら保有していない証券化商品は通常の3倍のリスクがある資産とみなす。金融機関は作り手が自社で5％以上を保有する商品でなければ事実上、買えなくなる。

4 残る「時価評価不要」の特例

運用をめぐりマグマをためる地銀業界。だが本来は目を光らせるべき当局も対応は十分ではない。その象徴がリーマン危機後から放置しっぱなしの特例措置だ。

2008年9月のリーマン危機から10年あまり。金融庁は当時の株価暴落や急激な円高などで日本の金融システムにも悪影響が及ぶことを防ぐため、自己資本比率規制を緩和したり、公的資金注入の枠組みを復活させたりして政策を総動員した。

平時に戻ったいまも当時の危機対応措置は残る。金融の規律をゆがめかねない副作用も指摘されている。

「判断の先送りや緩みを生んでいる面はある」。金融庁幹部がこう認めるのは、銀行の健全性を示す自己資本比率規制だ。国内だけで営業する地銀などは最低でも4％以上を維持するよう規制される。現在はほとんどの地銀が規制の2倍以上の水準を確保する。

実はこの比率の計算ルールはリーマン危機の際に緩和された。それまでは株式や債券など有価証券運用で出た評価損は約60％を中核自己資本（ティア1）から差し引くルールだった。地銀などを対象に評価損を自己資本比率に反映しなくてよい特例措置を始めた。

リーマン危機後に日経平均株価は7千円を割る水準まで暴落。地銀の持つ有価証券は大きな評価損を抱えた。そのまま評価損を自己資本比率に反映させれば健全性は大きく低下する。規制水準を維持するために貸し渋りや貸しはがしが加速しかねなかった。金融庁は２００９年3月期から12年3月期までの時限措置として規制を緩和した。だが、このルールはその後の失効と復活を経ていまや恒久措置となった。

危機から10年あまりたったのに多くの地銀は長引く低金利環境下で、本業の融資からの収益が減った。２０１８年3月期は5割の地銀が本業で赤字に陥っている。外債投資を含めた有価証券運用に収益の多くを依存するなかで、自己資本比率規制の緩和措置がリスクの高い運用に突き進む誘因になっていないか。損失の拡大を防ぐ損切りの判断やリスクの評価が甘くなる面はないか。副作用の点検も求められている。

第6章

人材枯渇の危機

1　新卒がこない

地方銀行が人材難に揺れている。地元の自治体と並んで安定した職場の代名詞として、これまで優秀な人材の受け皿になってきた。だが、厳しい経営環境を背景に就職先としての人気は低下。新卒を思うように集められない地銀が目立ち始めている。

将来の経営を担う幹部候補となるべき中堅や若手の転職も急増している。マイナス金利や不良債権に加え、人材枯渇の危機も地銀経営を圧迫する要因に浮上してきた。

「この春、内定ゼロになった地域金融機関が出てきました」

2019年2月26日、金融庁が入る中央合同庁舎7号館12階で開かれた「金融仲介の改善に向けた検討会議」。17回目のこの日、話題になったのは地銀の人材難だった。

委員の多胡秀人氏がその席で披露したのは中部地区のある金融機関。内定者が辞退した結果、新卒を採用できなかった事例だ。

「融資と有価証券という銀行の資産の質が劣化していることも問題だが、人の質が落ちてい

「最も敬遠したい業界」に地銀が急浮上

	文系		理系
1位	メガバンク、信託銀行（2位）	1位	外食（1位）
2位	外食（1）	2位	メガバンク、信託銀行（2）
3位	地方銀行、信用金庫（10）	3位	外資系金融（2）
4位	外資系金融（3）	4位	生損保（6）
4位	生命保険、損害保険（4）	5位	地銀、信金（9）
4位	医療、福祉、その他（7）	6位	建設、住宅、不動産（—）

（注）HR総研が2019年卒の学生を対象にアンケート調査。カッコ内は18年卒の順位

ることがもっと深刻だ。優秀な人材が集まらなければ持続性を失う」

多胡氏は人的資源の点で地銀の持続性をきちんと調査しているのか金融庁に問題提起した。会議では「いまの地銀はかつての石炭産業を見るようだ」と述べた委員もいた。時代の波についていけず、若者も地銀を見捨て始めている。

地銀は地方出身のエリートを将来の幹部候補として安定的に採用し続けてきた。地元の進学高を卒業し、大学を出た後の就職先として地元の県庁やテレビ局、電力会社などと肩を並べる有力な就職先だった。

最近の異変は景気回復を背景にした新卒の売り手市場が強まっているのが一因だ。だが、それだけではない。底流には地銀の魅力そのものが落ちていることが

ある。

企業の採用動向を分析しているＨＲ総研（東京・港区）が２０１９年に卒業する学生を対象にしたアンケート調査。「最も敬遠したい業界」に地銀と信用金庫を挙げた文系の学生は18％にのぼり、全体で3位だった。

前年の10位から浮上し、回答の比率も2倍近くに高まった。１位のメガバンク・信託銀行（26％）、２位の外食（25％）に続いた。

理系の学生でも5位に浮上し、全体の17％が敬遠したいと答えた。ＨＲ総研は「大幅な従業員の削減や新卒採用抑制の報道を受けて、大きな転機を迎えている」と分析している。

2　新卒確保に奮闘

２０１８年12月2日、日曜日の朝。東京・中央区の京橋。ＪＲ東京駅から徒歩5分ほどの雑居ビルの一室で、あるイベントの準備が進んでいた。

山口県を地盤とする西京銀行で就労体験する「インターンシップ」。地元の山口県出身で

地銀同士の採用競争が激化（2018年、西京銀行のインターンシップ）

東京に進学した優秀な学生の確保を狙ったものだ。この日はリクルートスーツに身を包んだ大学生５人が銀行員の仕事について熱心に耳を傾けた。

だが、採用担当者は危機感を隠さない。

「内定を出しても他社に取られてしまう。銀行業界ならではの採用の難しさも感じる」

西京銀行は第二地銀。地元では預金、貸出金ともに３倍以上の規模を誇る県内トップ行の山口銀行が君臨し、有望な学生をめぐる競争は激しい。

しかも２０１８年にはアパートの施工・管理を手がけるＴＡＴＥＲＵ（タテル）で、建設資金を借り入れやすくするための預金残高など審査書類の改ざんが発覚。西京銀行はタテルの客の多くに融資しており逆風は強まった。

「まだ新卒の学生を募集しているらしい」

この年末年始にかけて就活戦線で話題になったのが地銀の採用難だ。新しい年度が始まる19年4月を直前に控え、なお採用活動を続けている地銀は少なくない。

新卒採用を募る就活サイトには2月でもなお、福島銀行や香川銀行、北日本銀行など学生のエントリーを続けている地銀は枚挙にいとまがない。

ある第二地銀の採用担当者は「将来、経営が成り立たなくなるとみて銀行業にマイナスのイメージを持つ学生が目立つ。かつてに比べて応募人数が半減した」という。内定者の辞退だけでなく、そもそも内定を出しても採用枠を満たせるだけの人材が集まらないというのだ。

全国銀行協会によると地銀の行員数は２０１８年3月末時点で17万人あまり。入社から40年後を定年とすれば毎年、行員全体の2～3％を新たに補充する必要が出てくる。

金融庁幹部は「満足する採用をできている地銀は皆無だ。特に第二地銀で厳しく、人材を選別できるのはせいぜい三大都市圏の一部にとどまる」と懸念している。

本業赤字の地銀が増えている

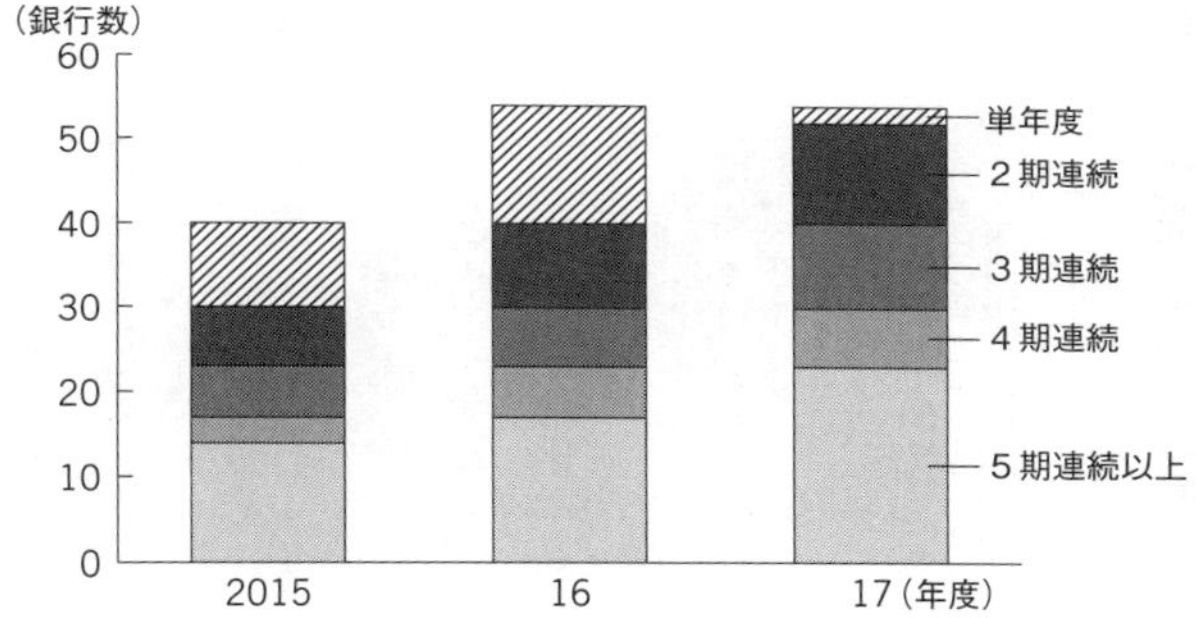

(出所) 金融庁まとめ

北海道から沖縄まで全国に地銀は１０６行ある。金融庁のまとめによると、２０１７年度はおよそ半分の52行で2期以上も連続して本業損益が赤字になった。さらに23行は5期以上にわたり連続して赤字だ。

超低金利の長期化で融資から得られる利益が細るなかで、株式や債券などの運用益で厳しい本業を穴埋めする不安定な経営が続いている。就職先の人気は一定のはやり廃りがあるとはいえ、過疎が進む地方に身を置いてきた学生ほど地銀の苦境を肌身で感じやすい。

3　頼みはアジア人材

既存の銀行業を揺さぶるライバルも台頭してきた。金融とＩＴ（情報技術）が融合するフィンテックが広がり、スマートフォンを使った決済や取引履歴を使って審査する融資「トランザクション・レンディング」といった新しい金融サービスが次々と生まれている。

とりわけ地銀では高齢化や過疎、人口減少といった地方ならではの経営環境の厳しさも加わってくる。

金融仲介機能を持つ銀行のニーズそのものがなくなるわけではない。問題は地銀が金融の担い手としてどこまで支持されるかだ。

金融庁は地銀が経営体力を高めれば、金融仲介機能も高まるとみる。ある幹部は「地銀同士の経営統合や合併といった再編は選択肢のひとつ。ただ再編は目的ではなく、あくまでも方法論だ」という。

就職戦線で売り手市場が強まるなかで、学生の厳しい目が注がれるのは自然な流れだ。しかし、銀行を支える優れた人材が足りなくなれば企業との接点となる営業や有価証券運用といった稼ぐ力は中長期的に弱りかねない。

将来に向けた経営戦略も含めて、優秀な学生が地銀で働きたいと思えるだけの工夫が改めて求められている。

どうすれば厳しい現状を打開できるのか。新機軸を探る地銀も出てきた。

「分からないことがあれば、何でも聞いてくださいね」

2018年11月上旬、大阪市内で開かれた中小企業の合同説明会。200人以上も訪れた外国人留学生に、ベトナム人のレ・ティ・テゥ・ヒエンさん(23)がにこやかに声をかけて回った。

レさんはベトナムの国立大学を卒業した後、大阪市内の専門学校のエール学園で国際ビジネスを学んだ。

説明会を主催した池田泉州銀行で2019年2月中旬までインターンシップに参加した。同行の細見恭樹取締役は「真面目で極めて優秀。本人の希望があれば行員として受け入れたい」という。

池田泉州銀行が外国人留学生のインターンシップを受け入れたのは今回が初めてだ。「現地の事情に精通し、詳しく説明しながら具体的にコンサルティングできる人材がますます重要になる」。顧客の4割が東南アジアを中心とする海外と取引関係を持つなかで細見取締役は期待を寄せる。

地銀が厳しい経営環境を打開するには、タフで優秀な人材が不可欠だ。採用への逆風下で人材戦略をいかに描き直すか。硬直的な人事・採用を続ければ、やがて銀行の力は衰退していく。

4　エリートは去る

人材難に揺れる地銀――。問題は新卒の採用だけにとどまらない。近年、特に目立つのが中堅や若手の転職だ。

「夜、空いている日に会えないか？」

2018年1月中旬、都内のIT企業で働く20代男性に1本の電話がかかってきた。声の主は静岡県の地方銀行に勤めている元同僚。「仕事の内容を教えて欲しい」。転職の相談だった。

電話を受けた20代男性は同じ静岡県の地銀から転職した。「地方企業の問題にもっと向き合いたかった」。自身が転職した理由をこう振り返る。

実際に地銀に勤めたのは約3年。事業承継を円滑に進め、中小企業を再生させたい——。こんな理想を抱いて銀行に入ったが、待ち受けていたのは厳しい現実だった。

「とにかく行内で印鑑を使う決済が多い。時間内に作業が終わらず、お客さんからクレームが来ることもあった」

限られた時間のなかで思うように仕事ができず、当初の志は実現が難しくなっていったという。

さらに元地銀マンは続ける。

「年次が上がって責任は増えるけど、プレッシャーが強くなり、給料の割にあわない。世間のイメージと違って、さほど高給取りじゃないですよ。退職した時、すでに同期の2割が辞めていた」

国内銀行の年間給与ランキング

	行名	平均年間給与（万円）
1位	三井住友銀行	810
2位	スルガ銀行	800
3位	東京スター銀行	796
4位	あおぞら銀行	791
5位	新生銀行	775
6位	三菱UFJ銀行	773
7位	静岡銀行	754
8位	みずほ銀行	738
9位	千葉銀行	725
10位	阿波銀行	713
	中央値	**612**
82位	沖縄海邦銀行	489
83位	鳥取銀行	485
84位	福島銀行	484
85位	宮崎太陽銀行	477
86位	大東銀行	475
87位	但馬銀行	471
88位	佐賀共栄銀行	466
89位	豊和銀行	459
90位	福邦銀行	443
91位	島根銀行	441

（出所）東京商工リサーチまとめ。国内銀行91行を対象にした平均年間給与（基本給と賞与・基準外賃金）、2018年3月期

厳しい残業規制でも行員が働きやすい職場になれば生産性を上げる効果も見込める。だが、実際には仕事に費やせる時間が減るだけでなく、残業代も減るため給料は下がった。「上司は怒鳴るだけ。支店の空気が悪くなり、仕事を抱え込みすぎてうつ病になった行員が4〜5人いた」。地銀に背中を向けた仲間の多くは公務員やコンサルタントに転身したという。

2018年11月下旬、山梨県の山梨中央銀行で、退職するある行員の送別会が開かれてい

た。

この行員は入ったばかりの女性総合職。都内の出版社に移る門出を参加者は複雑な表情で見送っていた。

山梨中央銀行は山梨県のガリバー銀行だ。他県の地銀も山梨県内には支店を置かず、県内の地銀は山梨中央銀行だけという特殊な地域だ。

融資シェアは4割を超え「競争したことがない銀行」（OB）だけに、安定を求める人材の受け皿でもあった。実際に「早稲田大学や慶応大学といった東京の有名大学に進学した出身者がUターン就職していた」（OB）。

しかし、山梨中央銀行は集めた預金をどれくらい融資に回したかを示す預貸率が全国105行ある地銀のうち下から2番目。有価証券などの運用で稼ぐ銀行だった。

人口減に加えて日銀のマイナス金利政策で、余った預金を国債に回せば安定して利益を稼げたモデルが通じなくなると、収益性が脆弱な銀行のひとつになってしまった。

山梨中央銀行の関係者は「中央本線で東京に近い地の利も災いし、優秀な人材を囲い込めなくなった」と嘆く。

銀行から転職する人が増えている

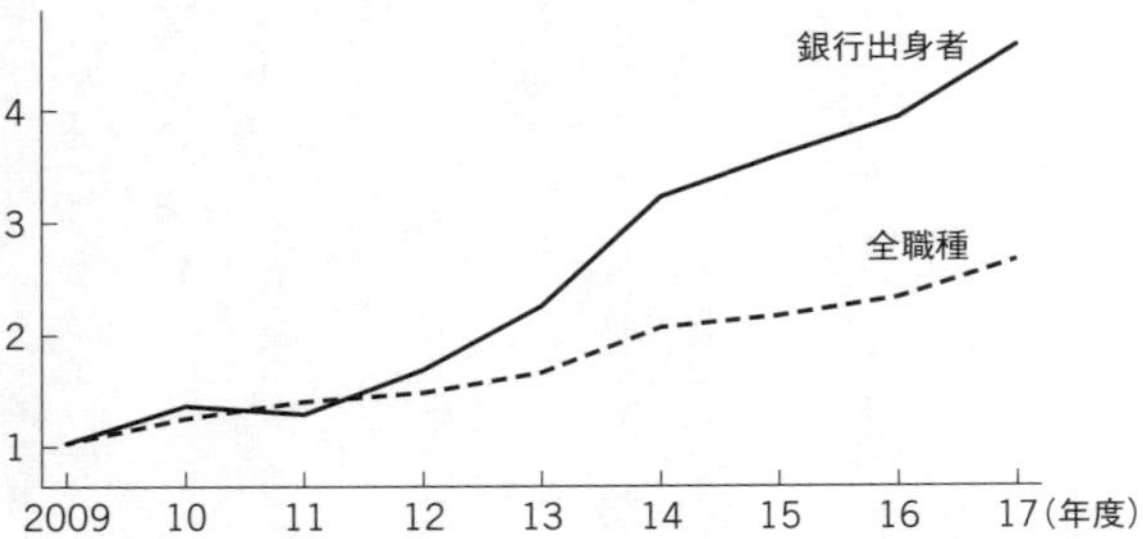

（出所）リクルートキャリアまとめ。転職決定者の推移
2009年度を1として指数化

転職後も金融業界にとどまる銀行員は3割どまり

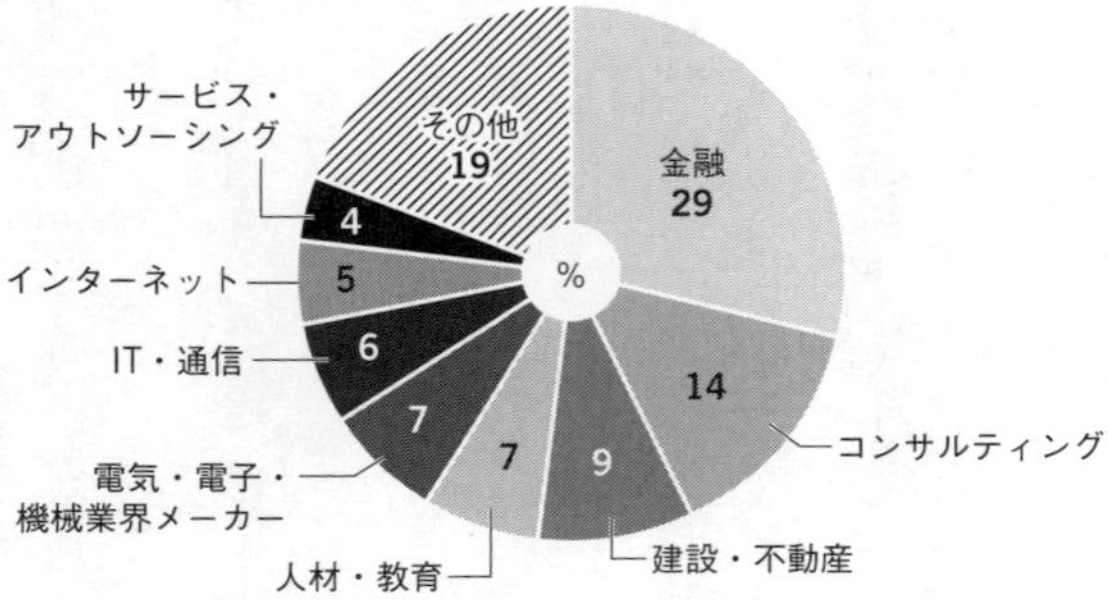

（出所）リクルートキャリアまとめ。銀行員の転職先、2017年度

ここ数年で銀行員の転職が活発になっている。リクルートキャリア（東京・千代田区）によると地銀を含めた銀行員の転職者数は、２００８年9月のリーマン危機直後の09年度と比べて17年度は４・５５倍に増えた。全職種の平均（２・６４倍）を大幅に上回り、転職者は右肩上がりで増え続けている。

問題はその中身だ。かつて転職者の5割は同じ金融業界の他社を転々とすることが多かったが、近年は3割にとどまる。

代わりにコンサルティングや建設・不動産業界などが受け皿として存在感を増す。それだけ銀行業界から人材が流出していることを意味する。

人材サービス会社のビズリーチ（東京・渋谷区）でも、地銀や信金からの採用に関する問い合わせがこの2年間で5倍に急増した。

全国銀行協会によると、地銀の行員は２０１８年3月末時点で約17万4千人と統計で遡れる01年と比べて17％減った。行員数の減少は人件費の抑制で経営のスリム化につながる一方、過度に不足してしまうと地銀の営業力そのものをそぎかねない問題をはらむ。

地銀の行員数は減少傾向

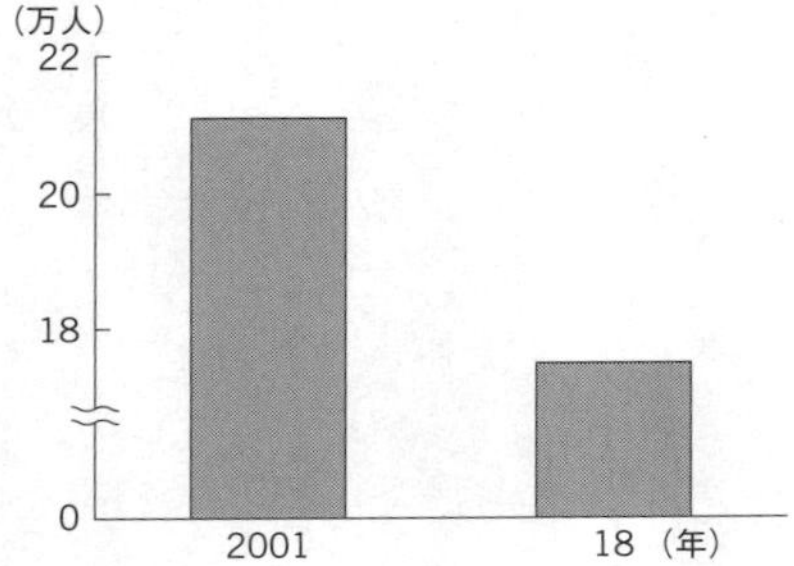

（出所）全国銀行協会まとめ、3月末

特に、ここ1～2年で目立ってきたのは地銀の東京支店で活躍しているエース級の転職だ。東京支店は収益を支える越境融資や有価証券の運用にあたる戦略的な部隊にあたる。

東京で働くうちにそのまま転職してしまう行員が増えているという。

「かつては内定をもらっても転職を踏みとどまる行員が多かったが、状況が変わりつつある。物理的に動きやすい東京で働くうちに転職に気持ちが傾きやすくなる」。リクルートキャリアで転職支援を手がける福元崇之マネジャーは地銀マンの転職事情をこのように明かした。

「『お客様第一』。そんな銀行の建前と本音が腹に落ちなかった」

フィンテックベンチャーのトランザックス（東京・港区）の武井恭子氏は群馬銀行の出身。就職氷河期の2000年に入行した就職氷河期世代の1人だ。

銀行員時代は総合職として企業向け融資部門に所属したほか、支店で顧客の資産運用を手がけたことがある。「企業に融資しようにも担保がなくて貸せなかった。それが銀行の決まりだったから」。現役時代の苦い思い出をこのように振り返る。

地銀を飛び出た武井氏は現在、電子債権を担保に中小企業の資金調達を支援する「ＰＯファイナンス」を手がけている。

企業同士の取引をもとに、受注企業が注文を受け付けた段階で資金調達できる仕組みだ。一般的な銀行融資で必要となる資産担保による審査ではなく、受発注の情報を生かすため受注後の入金を前提に融資を受けられる。中小企業の資金繰り改善につながる一方、大手メーカーにとってもサプライチェーン（供給網）の強化につながる効果が期待されている。

従来の担保に依存せず、企業の将来性を分析する「事業性評価」。多くの地銀が融資拡大に向けて取り組もうとしているが、実現するには行員の目利き力も必要だ。

「しゃくし定規な仕事ばかりでは楽しみがない」と武井氏。地銀にとどまれば一定水準の年収を維持できた可能性は高いというが、いまは地銀の外から中小企業の経営支援に挑む。

金融庁は地元の中小企業へのコンサルティングを含めた金融仲介機能の発揮を地銀に求める。だが、実行できるだけの高い知見を獲得するのは簡単ではない。どうすれば現状を打開できるか。

5　金融庁若手が副頭取に

これまで地域で優秀な人材の受け皿となってきた地銀。だが、そのあり方は変わりつつある。本拠地を離れて首都圏や大都市部などで貸し出す越境融資は拡大基調だ。

日本総合研究所の試算によると、地銀の貸出金残高に占める本拠地以外向け融資の比率は２０１７年３月末時点で34・８％。右肩上がりで伸びており、２０１８年３月末は過去最高の35％超に達したもようだ。

地銀の貸出金残高は２６０兆円で、そのうち90兆円強は地元以外で融資している計算になる。アパートなどの不動産関連融資や中小企業の借り換えがけん引している。

日銀のマイナス金利政策に伴う低金利環境が長引き、地銀の経営は厳しさを増している。地銀が県境をまたいで広域に商売を展開するなかで、県内の融資シェアを尺度にして競争環境を議論する意味は薄れつつある。

一方、越境融資が増え続ければ「地元の銀行」という地銀の存在意義も変質する。他県で稼がなければ地元経済の成長にも貢献できない。だが、それを支える優秀な人材は地元ではなく首都圏などの人口密集地で活躍している。越境融資の拡大は地銀が抱える問題の根深さを物語るものだ。

「ぜひ本人に会って話を聞いてみたい」。2019年2月28日、東京・千代田区の永田町にある自民党本部。通常国会が始まり慌しい早朝を迎え、ある国会議員が目を輝かせていた。

地銀業界や永田町で話題になったのは、奈良県を地盤とする南都銀行が2月27日に発表した役員人事。元金融庁地域金融企画室長の石田諭氏を副頭取に迎えるというものだ。

石田氏は44歳。旧第一勧業銀行（現みずほ銀行）出身で、産業再生機構や経営共創基盤で企業再生業務を経験し、２０１３年から18年まで金融庁で勤務した。監督局や検査局で地域金融行政に関わった。

元来、地銀の幹部人事は硬直的だ。経営再建のために外部の人材が地銀経営に加わる例はあるが、健全な地銀の副頭取に就くのは珍しい。

とりわけ多くの地銀は経営環境が厳しさを増し、頭取を筆頭に地銀首脳は経営戦略を描き直す必要を迫られる。

銀行の監督官庁を離れ、自ら地銀の世界に飛び込む。「現役の金融庁職員も、実際に地銀の経営の中に入ってみればいいいんだよ」。石田氏の手腕に期待する声が上がる。

6　外部の知恵で乗り越える

「来るべき海外進出に備えたい」

健康診断などで使う臨床検査薬のメーカー、セロテック（北海道・札幌市）の廻谷《めぐりや》隆行社長は２０１８年６月にポルトガルへ飛んだ。

北洋銀行は人材紹介会社と組み、地元企業の海外視察を支援する（ポルトガル）

滞在は2日間。病院や国立研究所、臨床検査センターなどの医療現場を視察して回った。めざすのは臨床検査薬の直接輸出。同国を足掛かりに欧州へのビジネス展開を描く。「日本とポルトガルで医療技術に大きな差異はなかった」。現地を訪問して初めて商機を確信できたという。

北海道から遠く離れたポルトガルでの視察。実現に一役買ったのが地元の北洋銀行だ。同行に相談すると、人材紹介会社のサイエスト（東京・港区）を通じて海外進出の専門家を派遣してくれたという。今後、外国専任の人材の採用や英語による製品PRなど海外進出に向けた準備を進めていく計画だ。

人材紹介会社のサイエストと提携を結ぶ地銀が増えている

北洋銀行	山梨中央銀行	山口銀行
青森銀行	静岡銀行	西京銀行
七十七銀行	福井銀行	百十四銀行
常陽銀行	南都銀行	伊予銀行
群馬銀行	広島銀行	四国銀行
東京スター銀行	もみじ銀行	北九州銀行

（出所）サイエストまとめ

北洋銀行にとっても、地元企業の海外進出支援は悲願だ。

実は北海道という土地柄の事情も大きい。酪農や畜産といった農業が盛んで食品メーカーも多く集まる北海道経済は「貿易赤字」。函館税関がまとめた「北海道貿易概況」によると、2017年の道内輸入額は1兆2057億円で輸出額（3919億円）の約3倍の規模を誇る。

食料品だけでみても輸入額が輸出額を上回る状況だ。同行の小渡信洋・ソリューション部副部長は「元から輸出が少ない地域なだけに、地元企業の海外進出支援が必要だと感じていた」と力を込める。

北洋銀行は中国の上海や大連、タイのバンコクに駐在員事務所を持つ。ロシアのサハリンやシンガポールなどにも行員を派遣しており、海外で独自のネットワークを築いてきたが海外進出を支援するには人材面での対応も大きな課題となる。

現地の行員数は少数で、実際に中小企業による海外進出や販路開拓を支援しようにも各国・地域の法律や商慣習、言葉、宗教の違いが壁になる。

外部人材の知見を得られれば、未開拓の地域でも支援の手が届きやすくなる可能性を秘める。

サイエストと組んだ北洋銀行によるコンサルティング業務は1年あまりで約20件に達した。スイーツの食品メーカーや飲食店などに対して提案を進めてきた。小渡副部長は「本業での資金需要も出てきた」と手応えをつかむ。

サイエストと人材支援などに関する業務提携を結ぶ地銀は増えている。北洋銀行のほかに広島銀行や福井銀行、百十四銀行などの地銀、信金も含めて約20金融機関が提携済みだ。

意欲の高い中小企業を支えていくには、外部の優秀な人材の有効活用で人材難を補完するといった知恵が求められている。

第7章

活路は草の根金融に

1　京都で見つけた「解」

2018年6月19日、京都市東山区。築200年の京町家で営業する喫茶店「市川屋珈琲」を訪ねた。店主の市川陽介氏がいれる一杯を求め、若い女性や外国人観光客らがのれんをくぐる。市川氏は祖父の自宅だった京町家を改装し、念願の店を持った。

開業資金は、京都信用金庫の「京町家専用ローン」で借りた。「ぜひ買いたい」。京都信金には、市内に4万軒ある京町家を欲しがる客が訪れる。京町家の専用ローンは2011年から始め、平均2千万円程度を120件融資したヒット商品に育った。

普通の地方銀行からみれば、古い木造の京町家は、土地を除いて担保価値はない。一方、京都の街並みをつくる文化的な価値があり、飲食店や住宅として生かせば収益をうむ潜在力を持つ。

築200年の町家の改築費は融資を受けた（市川屋珈琲）

京都信金はこんな無形の価値をみて商機をつかんだ。「京町家を守りたい」。個人ローンセンター所長の水谷英一氏は２０１８年、外国人にも資金を貸した。京都の街づくりを引っ張っている。

２０１８年７月に金融庁の長官に就任した遠藤俊英氏も、京都信金に注目していた。

監督局長だった２０１６年夏、理事長（現会長）の増田寿幸氏、専務理事（現理事長）の榊田隆之氏をお忍びで訪問していた。

中小企業や個人事業主らが融資を受けにくいという金融排除の「解」を探るためだった。

きっかけは1冊の本。『榊田喜四夫著作集3　信用金庫の将来』

喜四夫氏は榊田理事長の実父で、京都信金の第

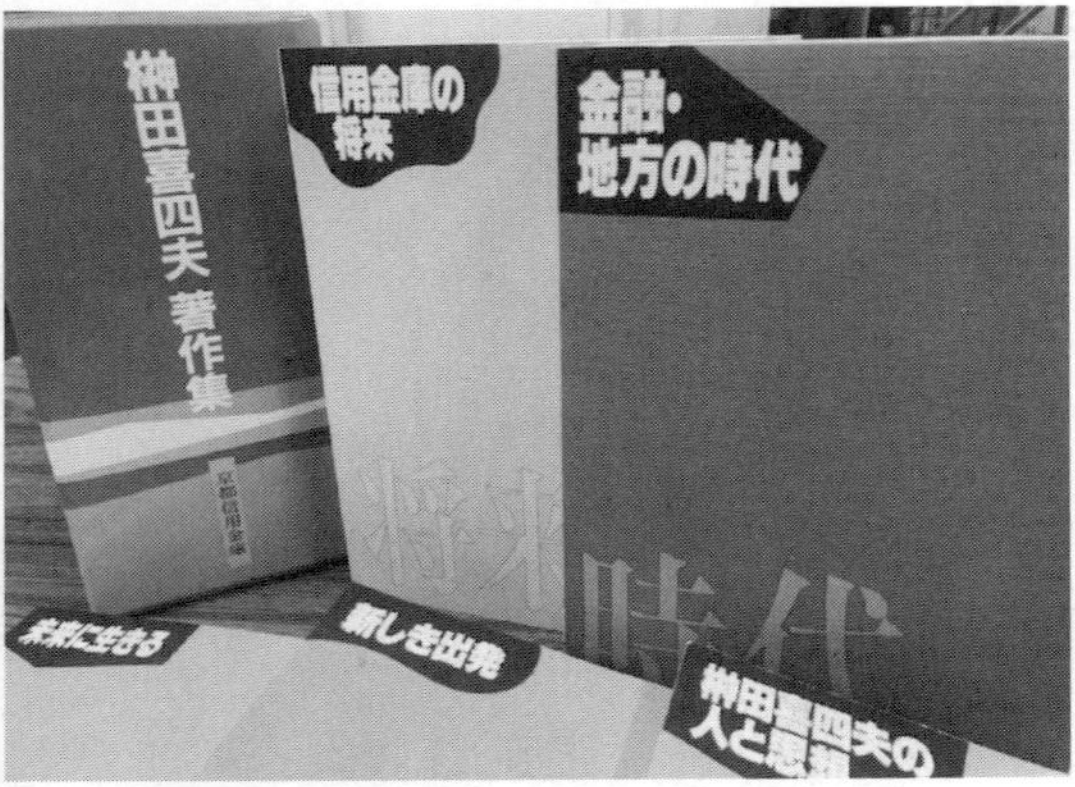

金融庁の遠藤長官も読み込んだ

3代（1970～85年）理事長。感銘を受けた遠藤氏には、経営指標だけでは見えない「隠れた顔」があると映った。

「夏バテに効く料理を誰か教えて！」

「インスタ映えするケーキはどこにある？」

2016年には社内で情報交換するSNS「くらしのマッチング掲示板」を始めた。お客さんに聞かれた質問を書き込んで、他の職員からアドバイスをもらう。

金融の取引と一見、無関係な情報を集めるのはご用聞きになるためだ。顧客との距離を縮めるには、何気ない一言を忘れない姿勢を示す必要がある。そんな発想で始めた。

原型は法人版にある。14年前に立ち上げた掲示板は年3000件の書き込みがある。すでに顧客と職員の間にデジタルコミュニティが生まれている。

「マッチングレス無し運動」。桂支店長は毎週「御接会」を開く。顧客にも他店の職員にもお節介を焼く意味を込めて名付けた。「アイデアや思い、提案などを何とかこたえよう」とSNSに投稿した。

祇園祭でにぎわう京都市中心街四条通にある本店で2018年6月28日、理事長に就任したばかりの榊田氏が日本経済新聞の取材に応じた。

配られた資料で目を引いたのが「コミュニティ」の文字。目先の利益を優先しがちな風潮と一線を画し、中長期に顧客との信頼関係をつくる姿勢を訴えた。

京都信金の榊田理事長

金融排除――。バングラデシュの経済学者が設立したグラミン銀行のような貧困者向け銀行が誕生した経済的な背景を指す言葉だが、対象は貧困層だけでない。日本で銀行が取り引きしたがらない相手としては、古くは在日外国人や女性、最近はデジタル経済に対応できない高齢者、起業家予備軍まで多岐にわたる。

銀行は格付け（信用力）と担保・保証で融資の額や是非を判断する。多くの銀行マンは「貸出先が少ない」と嘆くが、安全・優良な先で過当競争を起こし、必要な先に手をさしのべていない。真に困っている企業や個人を探していないのではないか。

榊田氏は2018年10月、支店の預金事務を全廃するなどして接客・営業を担当する人員を800人から900人に増やした。2020年には起業家支援の拠点とする8階建ての新河原町支店を建設する準備中だ。

事業仲介の件数が2年連続で増えた。2017年は前年比で2倍増だ。事業融資も2年ぶりに増え、実績も出てきた。

企業や個人からなる地域の発展なくして、金融機関の繁栄もない――。喜四夫氏が唱えた理想を継承しながら、超低金利の逆風下でどこまで理念を実践し続けられるか。トップが中長期の目線で経営することが顧客の琴線に触れる。

鹿児島県の第二地銀、南日本銀行。取締役の市坪功治氏は２０１８年6月、支店長時代の経験を記者に打ち明けた。

銀行員を務めながら家屋清掃店で働き、自転車で街を駆けずり回った。２００８年のリーマン危機後に経営難に陥り、09年に１５０億円の公的資金を受けた。

背水の陣を敷いて２０１１年度から始めたのは、疲弊した地元経済の再生という原点回帰だった。行員が地元の顧客企業の仕事を手伝い、企業が収益目標を達成すれば、銀行は一定の報酬を手にできる。

地元が息を吹き返せば、いずれ銀行の取引も厚くなる。南日本銀行の貸出金利回りは２％あまりで大手地銀の2倍超。長い目で見た収益改善をめざしている。

第二地銀の前身である相互銀行は、鎌倉時代に自然発生した「無尽」が原点。地域で掛け金を貯めて融通しあう草の根金融だ。寄って立つ地元を離れ、大都市の不動産融資や海外投融資に走る姿からは、新たな成長戦略は見えてこない。

2　華僑による華僑のための金融

日本三大中華街のひとつ、横浜中華街。大勢の観光客でにぎわう大通りの入り口「善隣門」の近くに、ある地域金融機関がひっそりと拠点を構えている。信用組合の横浜華銀。中華街一帯を主な営業エリアとし、中華料理店で働く在日華僑らと取引している。

横浜華銀が誕生したのは戦後まもない1952年。初代理事長は台湾の出身で、横浜在住の華僑の手で築き上げてきた。まさに「華僑による華僑のための金融機関」が源流だ。

その歴史は日本における金融排除との闘いでもあった。

「戦後、日本の銀行は外国人の顧客を相手にしていなかった」

理事長の李肇臻氏は日本の隠れた金融史を語る。横浜華銀は、中国本土ではなく台湾系の信組といわれていた。

融資の相談で地元の金融機関を訪ねても、首を縦に振る銀行マンはほぼ皆無。外国人より日本人を優先した時代だ。

横浜華銀は現存する唯一の華僑系信組になった

戦後まもない1950年代以降、中国系だけでなく韓国系など外国人の有志による金融機関が立ち上がっていった。

だが、そんな華僑系の信組も「かつて関西にもあったが、現存するのはうちだけになってしまった」（李理事長）。

なぜ横浜華銀は生き残れたのか。

経営を支えるのが、堅実な財務内容、そして顧客との密なつながりだ。貸出金残高は80億円。2000人強の組合員に対して職員10人ほどの小さい信組ながら、平均貸出金利は３％弱と大手地銀の２〜３倍。自己資本比率は約42％を誇る。

横浜華銀の主な顧客は中華街の飲食店で働く従

業員ら。住まいのマンションやアパートを探す際にも、必要な資金を貸す。

「理事を選ぶ総代会でも優良な取引先の推薦を重視する仕組みに変えている」。李理事長は地域とのつながりを重視する。

李理事長自身も苦い思い出を持つひとり。若いころ大学進学を試みるも、家庭の事情で断念。就職先として都市銀行や地銀を志望したが、当時の条件は厳しかった。「国籍を『日本』に変えろ。それが採用の条件だった」。その後、母親の勧めもあり、就職したのが横浜華銀だった。いまから半世紀ほど前。まだ19歳の時だった。

そんな李理事長が引っ張る横浜華銀。最近は「新華僑」と呼ばれる若年層の新しい顧客も目立っている。友人から評判を聞きつけ、家を建てるための住宅ローンを借りたいという相談が増えつつあるという。

逆にいえば、いまもなお華僑への融資を断る地銀が少なくないことを想起させる。

横浜華銀の財務状況

純利益	3802万円
預金残高	122億円
貸出金残高	80億円
預貸率	66.27%
自己資本比率	41.67%
職員数	11人

（注）2017年度

「考える融資の基本は３つ。１つは顧客の返済能力、２つは人間性、そして担保はあくまで３番目。リスクを取らないと商売にならないよ」

金融排除の歴史のなかで生まれた信組が堅実な経営を誇る現実は、多くの地域金融機関に示唆するものはないだろうか。

3　異色の企業と異色の信用保証マン

「ゴメンクダサイ」

２０１８年９月28日、島根県大田市大森町。古民家を改装したしゃれた宿にドイツ人の雑誌編集者が取材にやってきた。日本の魅力を伝える特集を組むために体験宿泊するという。

外国人が多く訪れるこの宿は「他郷阿部家《たきょうあべけ》」。島根県松江市から車で南西に２時間ほど。県中央部に位置する世界遺産「石見銀山」の隣に位置する石見銀山生活文化研究所が運営している。同社は少し変わっている。

「経済性ばかり追求すれば道を誤る」。デザイナー兼代表取締役所長の松場登美氏はこんな

石見銀山生活文化研究所のデザイナー兼代表取締役所長の松場登美氏

持論を語る。

「ダイヤを捨てて石を拾っているようだ」。知人の外国人の一言にハッとした。ちょうど20年前。「時間がかかったものに価値がある」。夫の故郷、大森町で起業した。

30～70代を中心にした女性が喜ぶ洋服や雑貨は何か。松場氏が立ち上げたオリジナルブランドは、自然派のトレンドをうまくとらえた。「群言堂」「gungendo」という店舗名で、東京・中央区の日本橋にあるCOREDO室町、大阪の阪急のうめだ本店にも出店した。

北は札幌、仙台から西は松山、博多まで約30店に広がった。知る人ぞ知る島根を代表する企業に成長した。

念願の民宿に力を注ごうとした時、思わぬところからブレーキがかかった。

銀行が融資をためらった。古民家を買い取り、改装するのには設備を含めれば1軒あたり数千万円かかる。事業のアクセルを踏もうという時、銀行の融資姿勢に足を引っ張られた。

銀行からすれば、確かに石見銀山生活文化研究所はピカピカの企業ではなかった。

2016年6月期に経常損益と最終損益でともに赤字に陥り、17年6月期には最終黒字へ転換したが、経常赤字が続いていたからだ。

「自己資本が低水準にとどまり、財務が課題」。これが銀行の認識だった。

しかも、資金の使途が民宿を軸にした「街づくり」。本業ではなく副業と映った。

阿部家は築230年の武家屋敷で立派な建物だが、営業計画は1日3組を想定。

近隣の空き家も次々と買い取るが、改修した後、賃貸に出す計画といっても本当に借り手がいるのか読みにくい。

銀行から見れば、融資を尻込みするような案件だった。

松場氏は売上高を増やして黒字転換できると確信していた。実際、2017年からは2期

他郷阿部家の玄関（左）とかやぶき屋根の本社（右）

連続で売上高が過去最高になった。2018年は経常損益と最終損益がともに黒字に転換した。

人口400人の過疎の街で事業を始めて20年。人口も緩やかに増え始めた。

成長を模索する企業は先行投資の経費が増え、利益は後からついてくる。本来はメインバンクがその「谷」を埋めるはずだが、銀行の審査はスピードより回収可能性の精査が基本だ。

古い価値観で融資するやり方は、トレンドの勢いが勝負の分かれ目になる松場氏のような企業には通じない。

「小野さん、頼むよ」。2018年9月、松場氏が借り換え期を迎える7億円の融資をとりまとめるよう頼んだ先は、メインバンクの山陰合同銀行ではなかった。島根県信用保証協会で担当する小野拳氏だった。日ごろ、経営の悩みを聞いてくれていた。

信用保証協会は銀行のように借り手に直接融資するわけではない。国が最終的な損失を穴埋めする公的な信用保証を銀行融資に付けて、一定の貸し倒れリスクを肩代わりする。いわば公的な保証人だ。

隣接地でかやぶき屋根の日本家屋を改修する計画が浮上した時、小野氏は融資や保証の活用を勧めなかった。それでもブランド戦略として必要な投資という松場氏を小野氏は逆に背中を押した。

結局、クラウドファンディングという起業家の思いを共感する資金の出し手を募り、1200万円を集めた。

「事業家がやりたいことを実現させるのが金融マンの役割。自分の利益で良し悪しを判断するのではなく、相手に共感し、どうやったら実現するかを考えるのが務めだ」。小野氏はこういう。

2018年10月の借り換えは結局、小野氏がとりまとめに動いた。本来はメインバンクが

松場氏が再生に力を入れる古民家ストリート

務める役回りだ。批判は承知のうえで、信用保証マンという黒子が表に顔を出すことになった。地域経済を引っ張る新たな主役をどう盛り立てるか。

銀行から見るとピカピカの優等生ではないかもしれないが、チャンスに果敢に挑戦する異色の企業がいなければ、地域経済はいつまでも活力が戻らない。

銀行が「変な企業」と単純に切り捨てることができた時代は終わり、企業が「変な銀行」を切り捨てる時代に入ったともいえる。

4　運用のプロ育てる塾

金融庁が頭を痛める地銀の有価証券運用に成功の方程式はあるのか。有価証券の保有残高は２０１８年末時点で78兆円と15年3月のピーク（98兆円）から縮小傾向にあるが、減少分のほとんどは国債だ。

保有しているだけで収益が約束されていた時代が終わり、地銀は市場と向き合いながらポートフォリオをどう組み立てるか戦略を練る必要に迫られている。

各行はこれまでマーケットに強い運用のプロを組織的に育成してこなかった。日銀のマイナス金利政策で、運用の巧拙がいままで以上に問われている。

静岡銀行で敏腕トレーダーだった小栗直登氏（61）が創業した和《なごみ》キャピタルは地銀の運用のプロを養成する塾を目指していた。

２０１７年、福島県を地盤とする東邦銀行で有価証券運用を担当する大谷梓氏（41）は自分の処遇に不満だった。

2008年のリーマン危機の難局を経験し、金融市場部の中核を担うベテランなのに「トレーニー（研修生）」とは。

研修先は和キャピタルが運営する小栗塾。

ここで有価証券運用を一から学び直す。全国の地銀から集まったベテラン研修生4人が机を並べた。最初の3カ月間は模擬運用だ。大谷氏は小栗氏らに考え方をたたき直された。いまや有価証券運用は地銀収益の3割を稼ぐ利益の源泉だ。本当に運用にたけたプロが地銀にどれだけいるのか。

国債を持ち切れば金利収入が入った時代は終わり、機動的な売買が不可欠なのに、大谷氏はそれを「投機」と誤解していた。

賭けや勝負にでるのではなく、中長期のシナリオを突き詰めたうえで突発的な変化にも対応できるポートフォリオを組む。小栗氏の手法は「目からウロコだった」。

2016年2月9日。この日、長期金利（10年物国債）が初めてマイナス金利を付けた。偶然だが、小栗氏が創業したのも同じ日。「マイナス金利時代の幕開けとともにスタートした。偶然だが、因縁めいたものを感じる」という。

和キャピタルは地域金融のための投資助言業だ。証券マンが幅をきかせる運用業界で、小栗氏の存在が際立つのはおそらく地銀出身で初の投資助言業者だからだ。

「御行のため」。こういって営業する人は多いが、独特な地銀の世界を知り、地銀しか分からない苦悩を理解できる。

小栗氏は地銀で4年間の支店勤務後、市場営業部に異動した。それから約30年間、ほぼ一貫して国内外の運用業務に居続けた。

2005年から資金証券部長を10年半務めた。この時、有価証券を持ち続けるのが一般的な地銀にあって、こまめに売買損益を実現させ、実績をたたき出した。

小栗氏は地銀平均の有価証券利回りを年平均で0・5%程度上回った実績を持つ。「静岡銀行の純利益のかなりの部分を支えていた」（OB）。2008年のリーマン危機を挟んだ逆境時になぜ、これほどの安定収益を稼げたのか。

小栗氏が唱える投資哲学は大きく3つある。

1つ目は「総合損益管理」だ。損益計算書に出てくる実現損益だけでなく、含み損益を合わせて評価する。

例えば、国債の残高を無理に増やしても含み損が増えればダメだ。運用対象は日米欧の国債や上場投資信託（ＥＴＦ）などに限り、含み損が出たときにすぐに売れない流動性の低い投資商品は持たない。

こまめに相場をチェックすることも大切だ。そのうえで、実現損益と含み損益を合わせて評価する。そうしなければ中長期的に着実な運用成績は見込めないと考える。

２つ目は「機動的運用」だ。相場の下落局面への心構えとして必要という。償還まで持つ長期投資の「バイ＆ホールド」では、安易に持ち続けて致命的な損失を被る恐れがある。

小栗氏の考え方は現状で評価損でもさらに下がる恐れがあれば「売り」。膨大な含み益があっても減りそうなら「売り」だ。「より多く稼ごうと欲張ってはいけない」。

３つ目は資産や銘柄ごとの単品管理ではなく「有価証券全体でポートフォリオを管理する」。米国債の金利上昇（価格下落）で日米の株価は逆に大幅上昇した。両方を買っていればリスクを抑制できる。

２０１８年４月に塾生になった肥後銀行の市場運用グループ長、森裕樹氏（43）は職場に戻るとまずホワイトボードをディーリングルームの中央に置いた。

これから3カ月間の株・金利の想定レンジ、物価上昇や利上げといったシナリオなどをいくつも書き出し、行員がいつでも確認できるようにした。

２０１８年8月中旬にトルコの通貨リラが急落した時も「想定レンジを変更する要因になるか？」と冷静に議論できたという。ボードは担当役員らへの説明にも役立ち「誰でも確認でき意思疎通がスムーズになった」と森氏はいう。


２０１６年10月から始まった小栗塾の塾生はＯＢを含め28人になった。地銀の有価証券運用をモニタリングする金融庁からも研修生を受け入れた。

「もちろん、みんながうまくいっているわけではない」と小栗氏。

大事なのは資産運用のやり方を見直し、再建するという強い意識を銀行が持ち、組織体制や人材育成にしっかり取り組むことだ。

中核の40代を最前線から外してでも、明日のためにたたき直す覚悟が問われる。

「リスクの取り方、状況のモニタリング、リスクが出たときの適正な意思決定。この3つをはっきりさせておかないと、問題の発見が遅れる」。小栗氏は経営計画を意識する頭取にこう警鐘を鳴らす。

ある時は「損切り」、ある時は「マイナス預金」を選ぶ勇気を持てるかどうか。

有価証券運用からの撤退が非現実的だとすれば、預金を集めればもうかるという旧来型発想を捨て去るしかない。

助言対象の資産は2100億円規模まで増えた。

小栗氏の投資哲学は「保守的」「シンプル」「堅実」というスタイル。「時代のニーズはある。ありそうでなかった助言業者になる」と意気込んでいる。

5　企業再生の駆け込み寺に資金殺到

「目からウロコが落ちた」

富山第一銀行の沢田貢取締役は驚きを隠さない。2018年春から独立系のトパーズ・キャピタル（東京・港区）が設定したファンドに参加し、出資した。

融資の成績に応じてリターンを得られる仕組みだが、それだけではない。「特に担保の取り方が勉強になる」。

全国の地銀がトパーズに殺到している。投資家から集めた資金を貸し出す「融資ファンド」と呼ばれる手法で中小企業を再生する。

２０１８年９月末までの融資実行額は累計で２００億円を超え、参加する地銀は北海道から九州まで20行に広がった。

いまやファンド総額の半分を地銀の出資が占める。銀行が融資（デット）を担い、ファンドは資本（エクイティ）を出す。新村健氏が創業したトパーズはその隙間に入り、足りない資金を融資するものだ。

なぜ融資が本業であるはずの地銀がファンドに関心を寄せるのか。

背景には銀行固有の事情がある。トパーズの融資先は債務超過や赤字に陥った企業だ。一般的に銀行は元利金を保証する預金を融資の原資としているため、回収リスクを慎重に見積もる。特に業績が低迷している企業は融資が難しくなる。

一方、ファンドは投資家から集めた元本の返還を保証しないのが一般的だ。リスクの高い中小企業であっても、差異性を見込めるのであれば、貸し倒れリスクを恐れずに融資しやすい。

トパーズの融資で資金をつなぎ、事業再生に道筋を付けたうえで、再び銀行に引き渡す。そんな中継ぎ役を果たそうとしている。

ファンドは高い利回りを狙い、リスクマネーを出す存在を思い浮かべがちだ。ただ、大型案件を狙うファンドの資金は中堅企業までには回りきらない。

銀行も審査基準が厳しく、赤字や債務超過に陥った企業への追加融資には二の足を踏む。資金需要はあるのに供給の担い手がいない。「ならば我々が担おう」。新村氏が決意したのは2010年ごろだった。

融資ファンドの具体的な仕組みはこうだ。5億円の資金需要がある企業がすでに銀行から3億円を借りている場合、貸し倒れリスクがあると、融資限度額が壁となり、銀行は追加融資できなくなる。

トパーズに出番が回ってくるのは銀行が「貸したくても信用リスクを取れない」という状

況だ。

担保評価にも大きな違いがある。一般的に銀行にとって動産担保の評価は手間やコストがかかるため難しいとされる。

トパーズでは売掛債権などに着目し、回収の可能性を細かく分析。例えば、衣料品の小売業では春や夏という季節で変わる商流まで把握。企業の資金繰りをリアルに押さえる。

貸出金利は平均６〜10％程度。一般的な銀行の数倍。累計の貸し倒れ件数は２件にとどまり、いずれも回収のメドを付けた。単なる不動産担保融資とは一線を画し、動産担保融資で差別化している。

難しい担保評価を支えているのが、提携する動産担保評価のゴードン・ブラザーズ・ジャパン（東京・千代田区）だ。在庫の価値を見極めたうえで融資を決めている。

トパーズが重視するのは厳しい経営監視。「デット・ガバナンス」と呼ばれる。動産を担保に決して低くない金利で融資を受け、短期間で再生を軌道に乗せなければならないという緊張感を経営者に与えるという。

融資における利ざや確保は、低金利の長期化や人口減で収益悪化に悩む地銀にとって大きな課題だ。

金融庁も金融機関の経営を細かく点検する際の手引書「検査マニュアル」を廃止し、画一的な検査を改めて金融機関ごとに自主的な改善を促そうとしている。

新村氏はかつて日本興業銀行（現みずほ銀行）に身を置き、ファンドで数多くの再生案件にも関わった経験から銀行の行動を熟知している。

銀行にも得手、不得手があり、規制や資本コストの制約を考慮すれば「すべて銀行で完結する必要はない」。十分に補完関係が成り立つという。

融資ファンドという新たな切り口で静かに存在感を増すトパーズだが、新村氏は中堅企業にとっての生命線は銀行との取引だという。

「我々にとっての出口（エグジット）は融資の回収ではない。融資先が再び、銀行から借りられるようになることだ」

必要な資金が途切れないように中継ぎ役に徹し、企業の成長を支える機能を自認している。新村氏は「中小企業を支える融資ファンドを日本に根付かせたい」と力を込める。

銀行とファンドでは引き受けられるリスクに差があるのは当然だ。

ただ、資金需給の隙間を埋める融資ファンドへの引き合いの強さは、銀行が本来の役割を十分に果たせていないことの裏返しでもある。

金融庁が担保や保証に過度に依存せず、事業の将来性を見極めて融資するよう求めているのは一理ある。

過疎や高齢化で地域の経済基盤が疲弊するなかで、中小企業には廃業の波が押し寄せる。経済に必要なお金を行き渡るようにするという金融の本質的な目的をいかに果たすのか。企業の再生・成長なくして、地銀の成長戦略は描けない。

6　官製の人材派遣会社

地域経済活性化支援機構、通称ＲＥＶＩＣ（レビック）は２０１３年春に立ち上がった官民ファンドだ。

投融資や銀行を通じて地域経済を活性化する狙いで設立されたが、最近は業務の軸足を専門人材の派遣に移しつつある。官製の人材派遣会社ともいえる業態への転換を模索している。

その象徴が2018年9月に福井銀行と結んだ契約だ。福井県小浜市にある同行の取引先企業に直接、支援機構が経営に精通した専門家を派遣。業績改善に向けた取り組みを後押しするというものだ。

レビックの前身は日本航空の再生を手がけた企業再生支援機構。地銀などと共同で観光や事業再生のために37の投資ファンドを組成し、ファンドからの投資額は600億円に達した。

実は時限組織であるレビックによる事業再生支援やファンドへの出資決定は2018年3月末が期限だった。2019年の通常国会で法改正され、3年間の期限延長が決定した。

ファンドでは出資と融資の中間的な位置づけとなる「メザニン」を使った資金供給を組み合わせて、投資期間は5~7年になることも多い。投資先は柔軟な事業計画を立てることができる。

レビックが出資することで、元本が毀損しかねないリスクマネーの供給に及び腰だった地域金融機関の出資の呼び水となる役割も担ってきた。

２０１８年6月に就任した林謙治社長はこれからの戦略について「直接、資金を出すのは控えていく」という。意外な発言のように聞こえるが、全国各地で投資実績が積み上がり、レビックの資金需要も薄れ始めた。

林氏は「これから3年間の主眼は、専門家の派遣や事業再生の知見・ノウハウをいかに地域金融機関に移転するかだ」とする。

レビックはこれまで弁護士や公認会計士、金融機関ＯＢらの専門家を、地銀をはじめ延べ１６７の機関に派遣してきた。

専門家はいわば臨時の銀行員となり、地銀と課題を共有して解決策を議論する。最も多いのが将来性を見極めて融資する事業性評価だという。

熊本銀行の元頭取でもある林氏は「事業性評価を徹底すれば融資先はいくらでもある」と語った。

例えば、企業の貸し倒れリスクを格付けした債務者区分。破綻の可能性が高い「破綻懸念先」でも、優良事業を持つ企業の場合「売上高の7割をカットし、優良な3割で生かす絵を描ければ、5年後には3が10に戻る」(林氏)といった具合だ。担保主義に浸っているうちは、決して生まれてこない発想といえる。

レビックは専門家の派遣と並行して、地銀から110人を超える研修生も受け入れている。人材を通じた持続可能なノウハウの移転にカジを切る。次の期限できれいに店じまいできるかどうか。受け入れる金融機関の真剣度が問われることになる。

7 AI審査で巻き返す

中小企業の信用情報会社、日本リスク・データ・バンク(RDB、東京・港区)は2019年2月、人工知能(AI)を駆使した融資に参入する共通のデータ基盤をつくるため、地方銀行など18社と新会社を立ち上げた。

中小の日々の決済情報を審査に使えるよう解析するシステムを開発。審査のスピードを速めて、これまで捉えきれなかった資金需要の掘り起こしをめざす。

ＲＤＢは住友銀行（現三井住友銀行）の出身者が立ち上げたベンチャー企業。新会社はＲＤＢとシステムなどを開発するグループ企業、データ・フォアビジョン（東京・中央区）を経営統合させるために設立。中小の信用情報やシステム開発力を総合し、融資改革を進めることを狙いとする。

新会社にはＲＤＢ側が約8割を出資。第四（新潟県）や千葉、名古屋、福岡など地方・第二地方銀行14行と、三菱ＵＦＪ、みずほ、三井住友の3メガ銀、三菱商事の計18社が2割弱を出資する。

これまでの審査は原則決算書の提出を求め、担保・保証がなければ銀行は融資に及び腰になりやすかった。

ＲＤＢでは「動態モニタリング」と呼ばれる融資先の日々の取引を行員が瞬時に把握できるソフトを開発しており、決算書がなくても融資できる体制を敷く。

すでに福岡銀行では試験運用を始めており、ウェブ上では最短即日で審査できるほか、地元企業以外からも融資の依頼が来ている。

ＡＩを使った融資には、金融とＩＴが融合したフィンテックなど銀行以外のプレーヤーが参入している。

新会社の大久保豊社長は銀行界の共通基盤ができれば「銀行の合理化も後押し、営業に専念できる体制も作れる」と力を込める。

実際、技術革新は地銀にも変化をもたらし始めている。

「データで勝負する」。肥後銀行執行役員の神谷英文氏は２０１８年6月、星座が重なったような画像を眺めていた。

熊本県で5割近い融資シェアを持ち、顧客間の取引を「見える化」した新技術。資金を必要とする取引先をいち早くつかめる。

２０１６年の熊本地震で効果を発揮し、復興の資金需要にすばやく対応できた。技術革新の成果を地元に還元し、ともに成長したいという。

今後、企業の取引履歴などを使う「トランザクション・レンディング」は融資の世界で大きな潮流になりそうだ。

先行するのが電子商取引（ＥＣ）の巨人、米アマゾン・ドット・コム。中小事業者向けローン「アマゾン・レンディング」を展開している。

最大５０００万円までの融資が可能で、審査期間は最短5営業日という利便性が特徴だ。金利は年８・９～13・９％。

銀行の融資と違い、決算書も要らなければ担保も不要だ。国内では楽天が同様のサービスを手がける。

銀行の牙城だった融資の分野でも非金融業の参入が相次いでおり、銀行業をめぐる境界は溶け始めている。

巻末資料　平成金融史

西暦（年）	月	出来事
1989（平成元年）	4	消費税を導入
	12	日経平均株価が3万8915円を付け、過去最高値
1990	3	大蔵省が不動産融資に関する総量規制を通達
	4	三井銀行と太陽神戸銀行が合併、太陽神戸三井銀行に
1991	6	4大証券会社で巨額の損失補塡が発覚
1992	4	太陽神戸三井銀行がさくら銀行に名称変更
1994	12	東京協和信用組合と安全信用組合が経営破綻
1995	1	阪神淡路大震災
	8	兵庫銀行が銀行として戦後初めて経営破綻
1996	4	三菱銀行と東京銀行が合併、東京三菱銀行に
	6	住専処理法が成立。国が住専損失穴埋めに6850億円の公的資金を投入
	11	金融市場改革「日本版ビッグバン」が始動
1997	4	消費税率が3％から5％に

		日産生命保険が経営破綻
	7	アジア通貨危機
	11	三洋証券が経営破綻
		北海道拓殖銀行が経営破綻
		山一證券が自主廃業
1998	3	大手銀21行に1兆8千億円の公的資金を資本注入
	6	金融監督庁が発足
	10	日本長期信用銀行（現・新生銀行）が経営破綻、一時国有化
	12	日本債券信用銀行（現・あおぞら銀行）が経営破綻、一時国有化
		金融再生委員会が発足
1999	1	欧州単一通貨「ユーロ」導入
	2	日銀がゼロ金利政策の導入を決定
	3	大手銀行と地銀の計15行に約7兆5千億円の公的資金を資本注入
	9	金融再生委、長銀を米リップルウッドに譲渡すると決定
2000	6	長銀が名称変更、新生銀行に
	7	金融監督庁が金融庁に改組

西暦（年）	月	出来事
2000	8	日銀がゼロ金利政策の一時解除を決定
	9	第一勧業銀行、富士銀行、日本興業銀行が統合、みずほホールディングス設立
		金融再生委がソフトバンク、オリックス、東京海上火災保険などの企業連合に日債銀を譲渡
2001	1	日債銀が名称変更、あおぞら銀行に
	3	日銀が量的緩和策を導入
	4	住友銀行とさくら銀行が合併、三井住友銀行に
		小泉政権が発足
2002	1	三和銀行と東海銀行が合併、ＵＦＪ銀行に
	4	みずほ銀行が発足
	9	竹中平蔵氏が金融担当相に就任
	10	金融庁が金融再生プログラムを公表
2003	3	大和銀行とあさひ銀行が合併・分離、りそな銀行と埼玉りそな銀行に
	5	りそなグループを実質国有化
	11	足利銀行を破綻処理し、一時国有化

2004	8	金融機能強化法が施行
2005	4	ペイオフを全面解禁
	10	三菱東京フィナンシャル・グループとＵＦＪホールディングスが合併、三菱ＵＦＪフィナンシャル・グループに
2006	3	日銀が量的緩和策の解除を決定
2007	9	金融商品取引法が施行
	10	郵政民営化
2008	9	米大手証券のリーマン・ブラザーズが破綻（リーマン・ショック）
2009	3	日経平均株価が７０５４円を付け、バブル崩壊後の最安値に
	12	中小企業金融円滑化法が施行
2010	4	徳島銀行と香川銀行が経営統合、トモニホールディングスに
	6	改正貸金業法が施行
	9	金融庁、日本振興銀行に国内初のペイオフ発動を発表
2011	3	東日本大震災
	4	中央三井トラスト・ホールディングスと住友信託銀行が経営統合、三井住友トラスト・ホールディングスに

西暦（年）	月	出来事
2011	10	円相場が1ドル＝75円台と過去最高値に
2012	12	第2次安倍政権が始動
2013	1	東京証券取引所グループと大阪証券取引所が経営統合、日本取引所グループに
	4	日銀が異次元緩和を開始
2014	1	少額投資非課税制度（ＮＩＳＡ）が開始
	4	消費税率が5％から8％に
2015	10	肥後銀行と鹿児島銀行が経営統合、九州フィナンシャルグループに
	11	ゆうちょ銀行など郵政3社が上場
2016	2	日銀がマイナス金利政策を導入
	4	横浜銀行と東日本銀行が経営統合、コンコルディア・フィナンシャルグループに
		トモニホールディングスと大正銀行が経営統合
		東京ＴＹフィナンシャルグループと新銀行東京が経営統合
	6	英国民投票でＥＵ離脱の支持多数
	10	常陽銀行と足利ホールディングスが経営統合、めぶきフィナンシャルグループに

年	月	出来事
2017	1	ふくおかフィナンシャルグループと十八銀行が経営統合の延期を発表
		公正取引委員会の審査が長期化
	12	仮想通貨ビットコインが2万ドル弱と過去最高値
2018	4	三菱東京UFJ銀行が名称変更、三菱UFJ銀行に
		関西アーバン銀行、近畿大阪銀行、みなと銀行が経営統合、関西みらいフィナンシャルグループに
		三重銀行と第三銀行が経営統合、三十三フィナンシャルグループに
	5	東京都民銀行と八千代銀行、新銀行東京が合併、きらぼし銀行に
	10	第四銀行と北越銀行が経営統合、第四北越フィナンシャルグループに
		スルガ銀行に業務停止命令
2019	4	ふくおかフィナンシャルグループと十八銀行が経営統合
	5	改元

「地銀波乱」取材班

野々下和彦
玉木　　淳
亀井　勝司
高見　浩輔
広瀬　洋平
南　　毅郎
三島　大地
中村　雄貴

日経プレミアシリーズ 398

地銀波乱《ちぎんはらん》

二〇一九年四月八日　一刷
二〇一九年五月八日　三刷

編者　日本経済新聞社
発行者　金子　豊
発行所　日本経済新聞出版社
https://www.nikkeibook.com/
東京都千代田区大手町一―三―七　〒一〇〇―八〇六六
電話（〇三）三二七〇―〇二五一（代）

装幀　ベターデイズ
組版　マーリンクレイン
印刷・製本　凸版印刷株式会社

ISBN 978-4-532-26398-0　Printed in Japan

日経プレミアシリーズ 397

世界経済 チキンゲームの罠

滝田洋一

神経戦続く米中貿易摩擦、遠心力強まるEU、新たな冷戦と景気減速、投資資金巻き戻しで動揺するマーケット――。国際情勢は、当事者たちが振り上げた拳を下ろせない「チキンゲーム」の様相を呈している。日経編集委員・WBSキャスターが、複雑さを増す世界地図を描く。

日経プレミアシリーズ 396

限界都市 あなたの街が蝕まれる

日本経済新聞社 編

再開発で次々と建設されるタワマンやオフィスビル。一方で取り残される老朽団地や空き家・空き地の増加、進まぬコンパクトシティー化。誰も全体を把握できないまま日本列島で同時進行する「合成の誤謬」に、データ分析と現地取材でメスを入れる。

日経プレミアシリーズ 395

迷走する超大国アメリカ

小竹洋之

グローバル化やIT化の痛み、資本主義や民主主義のゆがみが米国をむしばみ、経済、人種、政治、世代の「4つの分断」が許容範囲を超えてしまった。低中所得層は高所得層に、白人層は非白人層に、被支配層は支配層に、若年層は高齢層に反感を抱き、社会の緊張がかつてないほど高まっている。超大国が迷い込んだ「負のスパイラル」を日経新聞前ワシントン支局長が解明。